COMO MEDITAR COMO UM BUDISTA

Dados Internacionais de Catalogação na Publicação (CIP)
(Câmara Brasileira do Livro, SP, Brasil)

Kane, Cynthia
  Como meditar como um budista / Cynthia Kane ; tradução de Jacqueline Valpassos. – 1. ed. – Petrópolis, RJ : Vozes, 2023.

  Título original: How to meditate like a buddhist.
  ISBN 978-65-5713-847-2

  1. Autoajuda 2. Budismo 3. Meditação (Budismo) 4. Vida espiritual (Budismo) I. Título.

23-143420   CDD-294.34435

Índices para catálogo sistemático:
1. Meditação : Budismo   294.34425

Aline Graziele Benitez – Bibliotecária – CRB-1/3129

COMO MEDITAR COMO UM BUDISTA

CYNTHIA KANE

Tradução de Jacqueline Valpassos

EDITORA VOZES

Petrópolis

© 2020 by Cynthia Kane.

Tradução realizada a partir do original em inglês intitulado
How to meditate like a buddhist.

Direitos de publicação em língua portuguesa – Brasil:
2023, Editora Vozes Ltda.
Rua Frei Luís, 100
25689-900 Petrópolis, RJ
www.vozes.com.br
Brasil

Todos os direitos reservados. Nenhuma parte desta obra poderá ser reproduzida ou transmitida por qualquer forma e/ou quaisquer meios (eletrônico ou mecânico, incluindo fotocópia e gravação) ou arquivada em qualquer sistema ou banco de dados sem permissão escrita da editora.

CONSELHO EDITORIAL

Diretor
Volney J. Berkenbrock

Editores
Aline dos Santos Carneiro
Edrian Josué Pasini
Marilac Loraine Oleniki
Welder Lancieri Marchini

Conselheiros
Elói Dionísio Piva
Francisco Morás
Gilberto Gonçalves Garcia
Ludovico Garmus
Teobaldo Heidemann

Secretário executivo
Leonardo A.R.T. dos Santos

Revisão de originais: Lorena Delduca Herédias
Diagramação: Daniela Alessandra Eid
Revisão gráfica: Alessandra Karl
Capa: Renan Rivero

ISBN 978-65-5713-847-2 (Brasil)
ISBN 978-1-950253-00-5 (Estados Unidos)

Este livro foi composto e impresso pela Editora Vozes Ltda.

Para quem quer viver com tranquilidade.

Pela prática da meditação, você descobrirá que está carregando em seu coração um paraíso portátil.

Paramahansa Yogananda

SUMÁRIO

Introdução 9

1 Os dons da meditação e da atenção plena 21

2 Dando início à meditação 41

3 Aprofundando sua prática 75

4 Os cinco obstáculos à meditação (e o que fazer com eles) 101

5 Desafios de meditação: 10 dias, 30 dias, 1 dia 125

Posfácio 149

Agradecimentos 155

INTRODUÇÃO

Você já se sentiu ansioso, desconectado ou sobrecarregado, como se estivesse constantemente correndo de uma coisa para outra? No mundo contemporâneo, com tantas atividades e responsabilidades, cada tarefa concluída muitas vezes abre espaço para novas obrigações, deixando pouco tempo para tudo mais. Para muitos, essa persistente falta de silêncio, espaço ou tempo pessoal pode levar a uma vida cheia de estresse, preocupação ou até ressentimento.

Há, é claro, períodos de estresse na vida de todos de tempos em tempos; mas quando o estresse se torna crônico e "normal", podemos facilmente chegar ao ponto em que parece que a vida está nos guiando, e não o contrário. O resultado pode ser um esgotamento de nossa saúde e vitalidade, falta de tempo e atenção com as pessoas que mais amamos (inclusive nós mesmos!) e uma nuvem que paira sobre nossa vida e nubla nossa percepção da realidade.

Se você vivencia alguma ou todas essas coisas, deixe-me começar dizendo que eu também já passei por isso. Anos atrás, meu nível de estresse e ansiedade era tão alto que costumava me acordar no meio da noite, minha mente a mil com as inúmeras coisas que eu tinha que fazer todos os dias e imaginando o cenário mais pessimista para cada uma delas. Às vezes, parecia que minha língua estava inchando na boca e eu não conseguia respirar. Achei que algo estava errado comigo. Afinal, eu havia tentado tudo o que pude pensar para "consertar" o que não estava funcionando na minha vida. Tentei modificar a mim mesma, meu trabalho e meus relacionamentos; troquei de cidade e mudei de carreira; eu ajustava minha agenda e diminuía minhas responsabilidades. Mas não importa o que eu alterasse, a sensação que eu tinha de estar sobrecarregada permanecia constante. Não demorou muito para eu concluir que simplesmente tinha que haver algo de errado comigo em um nível basilar. Tive a certeza de que nunca experimentaria o tipo de paz, presença e propósito que tanto ansiava e que muitas vezes via nos outros.

Então, em fevereiro de 2011, aconteceu uma tragédia. Maurício, meu primeiro amor, morreu enquanto andava de caiaque em um rio na Costa Rica, quando foi pego por uma onda. No momento em que fiquei sabendo, senti como se meus membros estivessem presos a uma superfície. Eu não conseguia me mover; eu não tinha controle sobre o meu corpo. A notícia me deixou exposta, partida e vulnerável. A dor era insuportável, e nada que eu fizesse parecia fazer qualquer diferença. Eu mal conseguia comer ou dormir. Mesmo quando consegui voltar a me mover fisicamente, descobri que nenhuma posição, atividade ou pensamento podia me dar algum alívio. No avião para a Costa Rica, sem nada para fazer senão pensar, minha mente dava voltas em um frenesi que parecia evocar todos os pensamentos e emoções que eu já tivera. Como um furacão pegando tudo o que toca e jogando em outro lugar, deixando destruição em seu rastro, concentrei-me obsessivamente em morte, vida, amor, significado, trabalho, medo, perda e, novamente, em morte – uma pilha bagunçada de pensamentos à qual eu não conseguia conferir sentido. Eu ansiava por um único momento de calma e desejava que algo – qualquer coisa – pudesse convencer minha mente transtornada a fazer uma pausa.

A morte de Maurício havia alçado minha ansiedade e medo a um novo patamar, agora destrutivo. Minha mente se agitava como uma tempestade, apesar de todos os esforços para desacelerá-la. Nos dias que se seguiram à sua morte, tentei me distrair com música, filmes e computadores, mas tudo isso só parecia piorar minha ansiedade. Quando finalmente não aguentei mais, comecei a tomar comprimidos para dormir e me entreguei a um estado de consciência parcial.

Não demorou muito para que esses comprimidos se tornassem mais importantes para mim do que comida. Embora eu dormisse quatorze horas por dia, ainda me sentia exausta durante o período em que estava acordada. O furacão em minha mente não dava trégua e com ele o pensamento, as perguntas e a incredulidade. Minha saúde física começou a se deteriorar também. Algo tinha que mudar.

Talvez você acredite, como eu acredito, que alguma oportunidade, um tipo de sinal indicando um novo caminho, muitas vezes aparecerá em sua vida quando você mais precisar. O meu veio na forma de uma mensagem de uma amiga, algumas semanas mais tarde, quando ela me encaminhou um e-mail sobre um *workshop* de redação e meditação no Shambhala Meditation Center de Nova York. Eu nunca tinha estado no lugar nem ouvido falar dele. Mas a ideia de escrever sobre minha perda, juntamente com os benefícios da meditação que descreviam, parecia ser um porto na tempestade para minha mente em turbilhão.

Naquela primeira noite no Shambhala Center, comecei uma prática de meditação que, com o tempo, mudaria minha vida. Hoje, tenho a felicidade de informar que passo a grande maioria dos meus dias longe do turbilhão mental. Estou calma, presente, relaxada, alegre e conectada de uma forma que antes só me era possível sonhar. E embora eu ainda tenha momentos de ansiedade e estresse, são apenas momentos em vez de dias – e, o mais importante, esses sentimentos não mais me paralisam nem me tiram dos trilhos. Se alguém tivesse me dito oito anos antes que eu encontraria paz em minha vida, estabeleceria conexões profundas com os outros, veria beleza no mundo, deixaria de me julgar e avaliar incessantemente e mudaria minha relação com o medo, a morte, o estresse e a ansiedade, eu nunca teria acreditado. No entanto, aqui estou eu, escrevendo este livro para que você saiba que foi exatamente isso que aconteceu e que iniciar a prática de meditação foi fundamental para esse novo modo de vida.

O impacto em mim foi tão profundo que em pouco tempo me tornei uma instrutora de meditação e atenção plena certificada. E para aqueles com quem trabalho, a meditação trouxe benefícios semelhantes, ajudando a aliviar a ansiedade social, a insônia e o estresse. Já vi a meditação auxiliar pessoas a explorar sua criatividade, serem mais produtivas no trabalho e a encontrar um bem-estar geral maior do que jamais sentiram antes. Vi casamentos ficarem mais íntimos e amorosos e pais se conectarem com seus filhos e se tornarem mais pacíficos dentro de suas famílias. Vi pessoas realizarem mais com menos esforço, reduzirem a pressão arterial, começarem a dormir melhor à noite e redefinirem sua relação com a comida. Muitos contam que começaram a levar menos a sério os pensamentos preocupantes que lhes vêm à mente, o que proporcionou uma vida com mais alegria, riso e aventura. Imagine por um momento o que qualquer um desses benefícios pode significar para a sua existência.

Além da minha própria experiência e a de meus alunos, inúmeros estudos mensuraram os benefícios da meditação no corpo, na mente e no espírito. Na verdade, é difícil (se não impossível) encontrar um estudo científico que não tenha concluído que a meditação é boa para você. Uma pesquisa superficial na internet revelará uma variedade de estudos revisados por pares mostrando resultados físicos, psicológicos e espirituais.

Na parte física, a meditação pode torná-lo mais saudável:

- Regula a pressão arterial
- Reduz a frequência cardíaca
- Reduz o colesterol
- Normaliza as taxas de açúcar no sangue
- Aumenta a fertilidade
- Diminui a insônia

- Diminui a dor crônica

- Melhora a circulação

- Melhora o sistema imunológico

- Aumenta a produção do DHEA, o chamado hormônio da juventude

Em um nível psicológico, a meditação pode modificar o cérebro:

- Alivia a depressão

- Aumenta a satisfação

- Incrementa a autoconfiança/autoestima

- Reduz o comportamento impulsivo

- Aprimora as habilidades de tomada de decisão

- Aumenta a concentração

- Reduz a ansiedade pelo desempenho em exames

- Reduz o comportamento compulsivo

- Reduz sintomas de TDAH e TDA

E, por fim, no âmbito espiritual, a meditação pode enriquecer sua prática:

- Aprofunda o sentimento de fé

- Aumenta a sensação de conexão com a vida

- Aumenta a sensação de segurança
- Aumenta a intuição

Além de todos os já mencionados, há outros benefícios-chave para a meditação do ponto de vista budista. Vamos nos aprofundar nisso nos capítulos a seguir, mas, por enquanto, eu gostaria de começar com a ideia de que a meditação ajuda você a redescobrir a paz que reside em seu interior e fornece acesso a uma consciência e presença que não são afetadas pelo seu passado ou pela incerteza do futuro. Por meio da meditação, você começa a se conectar com a bondade inerente, ou o que o budismo chama de sua natureza de Buda. Embora possamos estar acostumados a procurar por respostas com os outros, fora de nós mesmos, o budismo comporta a ideia radical de que já possuímos as respostas que buscamos e a meditação é uma ferramenta por meio da qual podemos acessar nossa própria verdade.

O budismo também ensina que cada um de nós tem o poder de aliviar nosso próprio sofrimento. Somos nossos próprios curadores, e temos tudo de que precisamos dentro de nós mesmos. Sofrimento nesse contexto refere-se a ansiedade, desconforto, dor, constrangimento, vergonha e/ou autodepreciação. Meditação é uma forma de mudar sua relação com esse sofrimento, porque ela modifica sua relação com seus pensamentos e suas emoções. Ao praticar a meditação, você se torna uma testemunha de seja lá o que for que esteja acontecendo, não mais se apegando ou resistindo a isso, mas simplesmente observando. Você é capaz de contemplar pensamentos e emoções difíceis e permitir que as sensações estejam lá, sem deixar que elas o conduzam. Quanto mais você observa e quanto menos você julga, mais você cura.

A meditação o convida a descobrir quem você é e a ser quem você é exatamente como é, sem julgamentos. Pela minha experiência, a meditação pode ajudar a restaurar o que o estresse, a ansiedade e a sobrecarga lhe roubaram, trazendo de volta paz, tranquilidade e conexão significativa com os outros, bem como alívio, energia e uma vida alegre. Durante a meditação, aprendemos a estar conosco nos melhores e nos piores momentos. Aceitamos a nós mesmos como perfeitamente imperfeitos, dinâmicos e em constante mudança. Por sua vez, isso nos permite enxergar os outros da mesma forma, trazendo um senso de compaixão e conexão ao mundo.

Você pode não acreditar que a prática que vou lhe ensinar nas páginas seguintes seja capaz de proporcionar o mesmo a você; mas se estiver disposto a se comprometer com ela e não abandoná-la, meditar como um budista mudará sua vida.

O que esperar deste livro

Nenhuma outra religião ou movimento espiritual é mais conhecido por sua associação com a meditação do que o budismo. Embora existam muitas escolas de budismo, este livro ensinará práticas básicas de meditação e seus benefícios de uma perspectiva budista que seria aplicável à maioria das escolas: relaxar, tornar-se consciente do momento presente e observar seus pensamentos. Você não precisa ser budista ou querer se tornar um para praticar meditação. A meditação não discrimina – os benefícios são para todos.

Este livro vai lhe ensinar o que você precisa saber para começar a meditar agora mesmo, hoje. Na verdade, ao longo destas páginas, pedirei que você largue o livro e medite comigo. Afinal, você pode ler sobre essa prática – e isso é importante para estar preparado e aprender o que fazer –, mas a única maneira de realmente experimentar os benefícios da meditação é meditando. Quando chegar ao fim deste livro, você saberá o que é e o que não é meditação, as ferramentas bem simples que precisa para praticar, os muitos tipos de meditações para escolher, alguns dos obstáculos que encontrará ao praticar, e como incorporar a meditação em sua vida com uma postura contemplativa. Eu até acrescentei programas estruturados para um "Desafio de meditação de 10 dias", um "Desafio de meditação de 30 dias" e um "Retiro de meditação de 1 dia em casa".

Cada capítulo é introduzido com um pequeno conto ou ensinamento budista e termina com uma ou mais Explorações. Essas práticas de fácil aplicação e indagações instigantes dão vida aos conceitos da meditação budista e da atenção plena de maneiras simples, mas profundas. Você pode experimentá-las conforme lê e retornar a elas várias vezes enquanto desenvolve sua prática de meditação.

Desde que aprendi a meditar, ando ansiosa para compartilhar com outras pessoas o que sei, a fim de que eu possa passar adiante os dons que descobri durante um dos momentos mais difíceis da minha vida. Espero que esta prática abra novos caminhos para a paz e a alegria na sua vida e na vida daqueles à sua volta. Nesse sentido, este livro tem como objetivo fazer você colocar a mão na massa e meditar imediatamente. Essa é uma das coisas que mais gosto a respeito da meditação: é tão imensamente simples que até uma criança pode praticá-la, ao mesmo tempo em que é tão rica em possibilidades que se pode passar a vida inteira explorando-a.

Por ora, inspire e expire profundamente e vamos meditar...

OS DONS DA MEDITAÇÃO E DA ATENÇÃO PLENA

Um cavalo veio galopando de repente pela estrada. Parecia que o homem que o montava tinha algum lugar importante para ir. Outro homem, que estava parado à beira da estrada, gritou: "Para onde você está indo?" O homem no cavalo respondeu: "Não sei! Pergunte ao cavalo!"

Antes de começar a praticar meditação, na maior parte do tempo eu sentia como se eventos externos estivessem me arrastando para a próxima tarefa da minha lista de afazeres. O futuro estava sempre chegando rápido e de uma forma que eu não conseguia controlar, por mais que tentasse. Eu não me sentia centrada, atenta ou em paz. O resultado foi que passava grande parte do tempo me sentindo ansiosa, estressada e infeliz.

Quando eu não estava me preocupando com o futuro, minha mente muitas vezes remoía o passado, presa em momentos de arrependimento ou dor que traziam uma sensação de tristeza. Oscilar entre esses dois estados me mantinha desconectada do momento presente e, como consequência, eu reagia a quase todos os estímulos que surgiam, fossem palavras ou ações dos outros ou pensamentos que pareciam vir do nada e nos quais eu acreditava sem questionar.

Viver assim muitas vezes me deixou sobrecarregada, emocionalmente confusa e sempre na correria. Eu estava passando pela vida como um robô ocupado e sem sentido – inconsciente e, na maior parte do tempo, infeliz. A ironia é que, por fora, minha vida parecia bastante normal, dado o ritmo da sociedade, mas por dentro eu estava sofrendo, agarrando-me à vida mesmo quando ela parecia estar saindo do meu controle.

No nível físico, toda essa preocupação também causou surtos, ganho de peso e problemas estomacais. Houve momentos em que meu corpo simplesmente desligava por vinte e quatro horas, como se eu estivesse gripada e fosse obrigada a ficar de cama para descansar. De vez em quando eu acordava com protuberâncias avermelhadas por todo o corpo, que descobri mais tarde serem urticária de estresse, e desenvolvia terçol nos olhos e tinha que aplicar compressas quentes neles e dormir com uma máscara. Embora eu pensasse na época que fossem incidentes isolados, agora sei que tudo isso se originava do estresse e da sobrecarga.

Hoje, depois de incorporar a meditação regular na minha vida, fico feliz em dizer que, na maior parte do tempo, não vivo mais desse jeito. Em vez de ficar presa no passado ou temer o futuro, estou aqui agora, no momento presente. Em comparação com minha antiga maneira de ser, minha ansiedade praticamente desapareceu. Todos os sintomas físicos de estresse anteriormente mencionados dos quais vinha padecendo se foram. Agora eu respondo às situações em vez de reagir a elas. Tenho clareza sobre meus objetivos e direção, e raramente me sinto sobrecarregada. O mais surpreendente é que o tempo parece ter se expandido e desacelerado, e a sensação é de que há mais dele disponível, pois sei que posso realizar o que preciso com facilidade e leveza. Estou traçando meu próprio curso, escolhendo a cada instante como quero interagir com o mundo e ajustando meu próprio caminho.

Simplificando, minha vida é muito mais feliz hoje, e houve uma correlação direta entre estabelecer uma prática regular de meditação e diminuir o sofrimento em minha vida. Para aqueles que estão familiarizados com o budismo, isso não será surpresa, porque o objetivo principal do budismo é abordar e lidar com o sofrimento em nossas vidas, e a meditação é uma das mais importantes práticas defendidas por ele para ajudar a fazê-lo.

Quando falo de sofrimento neste contexto, estou me referindo a um estado mental de coisas como preocupação, insatisfação, julgamento, raiva, ansiedade e afins. São diferentes da dor física, que acontece no corpo, como quando você quebra um osso ou tem enxaqueca. Sofrimento é algo que ocorre apenas na mente e, como testemunhei em primeira mão por meio da meditação, muitas vezes é resultado de nossos pensamentos.

Os três venenos

O budismo explica que o sofrimento mental decorre do desejo, da aversão e da ilusão, que juntos são chamados de três venenos na maioria das escolas budistas. Vamos dar uma olhada neles, já que serão coisas importantes a serem vigiadas em sua mente ao iniciar sua prática de meditação e às quais iremos nos referir ao longo do livro.

Desejo

O primeiro veneno que causa sofrimento na mente é o resultado do *desejo* e do apego. Em outras palavras, pense no que acontece quando você quer algo, mas não o tem – o carro último tipo, uma casa nova. Quanto mais apegado você estiver ao pensamento, *Eu preciso disso na minha vida para ser feliz*, mais angústia irá sofrer se não conseguir o que quer. O budismo nos lembra que nesta vida ninguém consegue tudo o que deseja e se estivermos apegados ao que desejamos, o resultado é o sofrimento mental.

Aversão

O segundo veneno é o oposto do desejo e causa sofrimento quando temos um estado mental repleto de desagrado, *aversão* ou, em casos extremos, até ódio. Por exemplo, não queremos que certas coisas aconteçam e ainda assim elas vêm ao nosso encontro. Talvez não gostemos de determinadas pessoas, mas elas estão presentes em nossa vida de formas mais ou menos relevantes. Raiva, ciúme e ressentimento são todos estados mentais associados à aversão, e todos causam sofrimento mental.

Ilusão

O último veneno é o que o budismo chama de *ilusão*, ou ignorância. Este é o mais esotérico dos três venenos e, portanto, o mais difícil de se descrever, especialmente em um nível introdutório. Mas, em resumo, a ilusão se refere a um estado mental que não consegue ver a perfeição em tudo o que acontece. Por exemplo, considere um evento em seu passado quando alguém não agiu da maneira que você acha que deveria, como retribuir sua afeição ou seguir seu conselho. Quando as situações não saem como planejamos, ou não condizem com a imagem mental que temos do que *deveria* acontecer, ou quando as pessoas nos decepcionam por sua ação ou inação, angústia mental e sofrimento são o resultado.

Os três antídotos

O budismo também nos oferece três estados mentais que podemos cultivar dentro de nós que são antídotos para os três venenos: trata-se de adotar as atitudes de generosidade, bondade amorosa e sabedoria. Se nossa mente está focada em desejos, aversões ou ilusões, vivenciamos nossa existência cotidiana de maneira diferente do que se estivermos focados em generosidade, bondade amorosa e sabedoria. Estes são alguns dos estados mentais que eu buscava, na verdade, quando fui à minha primeira sessão de meditação – embora eu não me desse conta nem pudesse expressá-los em palavras na época.

Não por acaso, o budismo defende que uma das melhores formas de plantar e fertilizar esses antídotos saudáveis em sua mente é durante a prática de meditação, e abordaremos como fazer isso mais adiante neste livro.

Também quero esclarecer que, pela minha experiência, desenvolver uma prática de meditação não significa que você nunca mais sofrerá. Ser humano é sentir tristeza, ansiedade, raiva e coisas do gênero, mas a meditação permite que você encare os pensamentos pelo que são: sentimentos que surgem, deslocam-se e se dissipam como nuvens escuras passando por um céu azul, em vez de uma força com o poder destrutivo de um furacão que consome e controla você. Seus pensamentos e sentimentos não alimentarão mais suas ações. Por meio de uma prática de meditação, você pode começar a viver na realidade e não em seus pensamentos sobre a realidade. A meditação nos ajuda a controlar a mente para que possamos levar menos a sério as histórias incessantes que ela conta.

O budismo ensina que, para diminuir ou eliminar aquilo que nos causa sofrimento (desejo, aversão e ilusão), não podemos simplesmente abandonar, afastar ou nos livrar dos pensamentos e emoções. Se fosse assim tão fácil, todo mundo faria. Em vez disso, o primeiro passo é aprender a lidar com nosso sofrimento de modo diferente – como respirar enquanto o sentimos e mudar nosso relacionamento com ele. Quando amorosamente nos vemos como de fato somos e a vida como ela realmente é, percebemos que o sofrimento não é algo pelo que precisamos nos torturar, ou que devamos tentar solucionar, nem nos sentir mal a respeito, envergonhar-nos ou ter medo. Em vez disso, tornamo-nos testemunhas do fato de que o sofrimento simplesmente faz parte da vida. Ao reconhecermos e nos relacionarmos de modo diferente com nosso sofrimento, ele começa a perder seu domínio sobre nós.

A meditação nos permite mudar nossa intenção e consciência daquilo que está causando sofrimento para aquilo que o reduz. Desta forma, estamos treinando nossa mente, e o resultado é que fora da meditação nos tornamos conscientes de onde estamos criando sofrimento em nossa própria vida e na vida dos outros. O resultado é que nos descobrimos falando e agindo de uma forma gentil, compassiva e justa com os outros e com nós mesmos. A meditação é a cola que une os estados mentais de calma e foco durante o resto do dia.

Embora o budismo nos ensine como abordar o problema do sofrimento em sua causa raiz, também explica que cada um de nós deve trilhar a jornada dentro de si mesmo para eliminá-lo. O budismo sugere que no nível mais profundo não há problema, mas reconhece que estamos sofrendo. E defende a meditação como receita para quase todos, embora reconheça que não há dois indivíduos iguais. Se parar para observar, você está experimentando o paradoxo pela primeira vez. O budismo, em especial a escola Zen, utiliza-o amplamente como uma ferramenta de ensino porque o paradoxo está no centro de nossa existência. Dito de outra forma, o mundo é perfeitamente imperfeito, e é por meio da meditação que podemos enxergar a verdade desta afirmação, de uma forma que a mente pensante não consegue compreender por completo. Na minha opinião, a meditação pode ser vista como ensinar a mente pensante a ver além de si mesma.

Meditação *versus* atenção plena

Até aqui, discutimos meditação. Agora, vamos dirigir nosso foco para a atenção plena. Embora meditação e atenção plena estejam inter-relacionadas, elas não são a mesma coisa. Cada vez que dou uma aula de meditação para iniciantes, geralmente me fazem as seguintes perguntas: o que exatamente é atenção plena? Qual é a relação entre atenção plena e meditação? Vamos começar respondendo a isso.

A definição mais direta de atenção plena é que ela envolve prestar atenção ao momento presente com uma disposição não crítica para perceber e estar com *o que está acontecendo agora*, em vez de ser consumido pelos pensamentos em sua cabeça. Você pode trazer a atenção plena para literalmente qualquer momento do seu dia: preste atenção na sensação das cerdas da escova ao escovar os dentes, em vez de realizar rapidamente a escovação com foco no término. Observe as imagens e os sons à sua volta enquanto dirige, em vez de se concentrar no seu destino e no que você fará quando chegar lá. Torne-se consciente de suas emoções durante uma conversa difícil em vez de ignorá-las e pensar no que você dirá a seguir.

Na verdade, reserve um momento agora, onde quer que esteja, e observe as imagens, sons e cheiros ao seu redor. Tente fazer isso sem julgar nada como bom ou ruim, certo ou errado. Apenas observe onde você está. Observe as sensações em seu corpo. Observe que você está respirando. Todo ser humano respira milhares de vezes por dia, e muitos de nós o fazem sem reparar sequer em uma delas. Faça isso agora. Este é o seu momento presente. Você está praticando a atenção plena.

Todos esses são exemplos de estar atento ao mundo externo ou físico, que é um começo vital e nos ancora no momento presente. Há também a prática de estar atento aos seus pensamentos. Observe quando você tem um pensamento de autojulgamento, ou autorrejeição, e quando surgem pensamentos de desejo e aversão. Estar atento mantém você presente e ajuda a apreciar o momento em que está, em vez de se estressar e se preocupar com o que não está (passado ou futuro). Uma grande amiga minha gosta de dizer que "preocupar-se é como pagar juros de uma dívida que você não tem". Outro ditado que gosto diz que "99% dos nossos piores dias nunca aconteceram, exceto em nossa própria mente". Quando você traz mais calma e espaço para sua vida por meio da atenção plena, você oferece mais energia à vida que está vivendo de verdade do que à que está acontecendo na sua cabeça.

Outro aspecto da atenção plena é observar, em vez de julgar. Isso significa não mais julgar constantemente as coisas como boas ou ruins – ou, mais precisamente, perceber quando você faz isso. Muitos de nossos julgamentos são apenas hábitos mentais. Quando pratica a atenção plena, você se torna um observador, deixando as coisas e os outros serem como e quem são. Isso geralmente resulta em enxergar as situações com olhos gentis, tornando-se mais compassivo e aberto às opiniões e necessidades dos outros.

Por meio da atenção plena, podemos estender essa compaixão a nós mesmos. Parte da condição humana para a maioria de nós inclui termos uma ideia arraigada de que "não somos suficientes", e isso fica evidente na infinidade de anúncios publicitários com os quais somos bombardeados diariamente ("você deve comprar isso ou ter aquilo para estar completo"). Além disso, a maioria de nós tem sido nosso pior inimigo e crítico mais severo desde que nos entendemos por gente, muitas vezes nos recriminando interiormente com declarações que jamais dirigiríamos a outra pessoa. Por exemplo, com que frequência você diz para si mesmo coisas como "Que burrice a minha fazer isso" ou "Eu sou um fracasso". Essas afirmações causam sofrimento em nosso ser, e estar atento a como você se julga é o primeiro passo para se livrar desses pensamentos prejudiciais.

Uma das coisas que mais adoro na atenção plena é que você pode praticá-la a qualquer hora e em qualquer lugar ao simplesmente trazer sua atenção para o momento presente. Desta forma, a prática de atenção plena é um convite imediato para estar aqui, agora. Claro, é natural que nossa mente se deixe levar por pensamentos e cative nossa atenção, já que pensar é o que a mente faz de melhor (assim como os pulmões respiram ar e o coração bombeia sangue). Quando nos damos conta de que nossa mente divagou, simplesmente voltamos nossa atenção para o momento presente e começamos de novo.

Vista sob essa luz, a meditação é a prática formal da atenção plena. Consiste em se acomodar e buscar um pouco de calma física e, em seguida, prestar atenção ao que quer que surja e desapareça em sua experiência: pensamentos, emoções, sensações físicas. Você cria uma prática de meditação separando um tempo para se sentar e fazer isso regularmente. Juntas, a atenção plena e a meditação o ajudam a se libertar de viver em sua mente, direcionando-o de volta para viver na realidade. Quanto mais você fizer isso, mais descobrirá que muitas vezes é a mente que está causando o sofrimento, não a própria realidade.

Explorações

As explorações a seguir não pretendem substituir a prática formal de meditação. Em vez disso, contribuirão para ela e ajudarão a integrar o que você aprende e experimenta durante a meditação em sua vida cotidiana.

Momentos de atenção plena

Os momentos de atenção plena são diferentes da meditação formal, mas ajudarão você a reduzir o estresse, descansar e sentir-se mais tranquilo de modo geral, e você perceberá rapidamente como a atenção plena pode ser praticada ao longo do dia. A seguir, você encontrará práticas específicas que pode começar a incorporar em sua vida diária.

Respiração consciente

Uma de minhas alunas descreveu uma manhã em que estava a mil, pulando de uma tarefa para a outra, quando de repente foi atingida pela esmagadora noção de que, não importava quão rápida fosse, não teria tempo suficiente. Em vez de entrar em pânico, ela se recostou em sua cadeira, fechou os olhos e concentrou a atenção na respiração. Depois de apenas trinta segundos, ela sentiu que poderia voltar ao que tinha que fazer com uma atitude diferente. Mesmo que disponha de apenas trinta segundos, fazer uma pausa e prestar atenção à sua respiração pode ser exatamente o que você precisa para desacelerar, estar presente e ver as coisas de outra maneira.

PARE

Este exercício oferece uma forma mais estruturada de voltar a se centrar, e pode ser realizado onde quer que você esteja. A sigla ajudará você a se lembrar das etapas:

Pare o que estiver fazendo.

Aspire profundamente, e expire.

Repare em apenas uma coisa – pode ser algo em seu ambiente, um pensamento, ou um sentimento.

Evolua retornando ao que estava fazendo ou mudando de curso.

CALM

Este exercício é uma versão simples de uma verificação geral corpo/mente e leva apenas alguns momentos para ser realizado. O acrônimo **CALM** (acalme-se) – **C**hest (peito), **A**rms (braços), **L**egs (pernas) e **M**ind (mente) – torna a prática fácil de recordar. Você pode fechar os olhos ou mantê-los abertos, movendo silenciosamente sua atenção de um lugar para outro.

- Comece percebendo as sensações físicas em seu **peito**. Observe qualquer presença de dor, temperatura, pressão ou vibrações.

- Faça o mesmo com os **braços**, deslocando sua percepção dos ombros para as mãos e dedos.

- Em seguida, dirija sua atenção às **pernas**, sondando a fundo o que você sente.

- Por fim, traga o foco para sua **mente**. Respire por entre quaisquer pensamentos e emoções que estejam acontecendo com você agora.

Varredura corporal de 30 segundos

A maioria de nós trabalha em uma mesa durante horas por dia, debruçado sobre o teclado, encarando uma tela brilhante. Ficar parado por longos períodos pode acarretar muita tensão no corpo. Para ajudar a neutralizar isso, sempre que você se levantar para fazer uma pausa, considere a sugestão de realizar uma rápida varredura corporal de 30 segundos apenas para fazer uma verificação geral. Para começar, feche os olhos e direcione a atenção do topo da cabeça para os pés, notando os lugares em que sente tensão. Detenha-se neles, inspire e, em seguida, libere a tensão com a expiração. Você pode fazer isso para cada parte do corpo, de cima para baixo, ou pode se concentrar em qualquer região que esteja causando mais desconforto. (Discutiremos uma versão mais longa de varredura corporal mais adiante neste livro, mas muitos momentos meditativos podem ser acessados encurtando as práticas mais longas, o que ajudará você a restaurar uma sensação de calma no momento presente.)

Fechando os olhos

Recentemente, meu filhinho teve uma infecção de ouvido dupla combinada com uma infecção do trato respiratório superior. A certa altura, ele se recusou a tomar o remédio, e eu podia sentir a frustração crescendo dentro de mim. Ele precisava do medicamento, mas eu sabia que quanto mais tentasse forçá-lo, menos disposto a tomá-lo ele estaria. Estávamos em rota de colisão.

Então, fechei os olhos. Sentei-me no chão com ele de pé ao meu lado e apenas fechei os olhos. Esse pequeno ato me centrou, deixando de lado todo o estresse do momento, e pude notar e me distanciar do meu intenso apego em lhe dar o remédio naquele momento.

Quando abri os olhos e me senti diferente diante da situação e ele percebeu que eu estava mais calma e centrada, meu filho concordou em tomar a medicação. Apenas o simples ato de fechar os olhos em momentos difíceis tende a torná-los mais fáceis de atravessar.

Música do dia a dia

Eu uso esta prática quando um determinado som está me dando nos nervos ou me distraindo. Para trabalhar com o som de forma consciente, feche os olhos e concentre-se no que você escuta no ambiente à sua volta como sua âncora. Tome consciência dos sons que estão perto de você e se disponha a ouvi-los como se fossem sua música favorita. Analise a cadência, o ritmo, o tom e o volume deles. Amplie sua audição para os sons subjacentes ou ruídos de fundo constantes do lado de fora – o tráfego, sirenes distantes, o vento assobiando por entre as árvores. Fazer isso, mesmo que seja por apenas alguns minutos, pode reformular sua experiência atual.

Atenção plena na cozinha

Eu designo como práticas de atenção plena certas atividades regulares em minha vida. Então, sempre que estou lavando a louça, tenho o hábito de prestar atenção na água nas minhas mãos, na sensação da esponja nos dedos, no movimento que faço durante a limpeza. Sempre que pego uma folha de papel-toalha, conscientemente diminuo o ritmo. Uma das minhas práticas favoritas de atenção plena que uso na cozinha (e também fora dela) é realizar uma contagem, o que sempre me traz de volta ao momento presente. Às vezes, faço uma pausa e conto até dez e depois retorno ao que estava fazendo. Ou conto minhas inspirações enquanto continuo fatiando ou mexendo (*Inspire, um; expire. Inspire, dois; expire.*), até dez.

Gratidão

Acho que o almoço é um bom momento para fazer uma pausa durante o dia. Muitos dos meus alunos não têm tempo para almoçar e por isso comem em suas mesas de trabalho. Se for este o seu caso, não se preocupe – você ainda pode fazer uma pequena pausa. Quando estiver sentado em sua mesa, em vez de navegar nas mídias sociais ou se perder na internet, por que você não pega um bloco de papel ou começa um diário anotando três coisas que o agradaram até agora a respeito de seu dia, de você ou de sua vida? Esta prática simples tem o poder de levá-lo a um estado mais relaxado.

Diário de meditação

Com base em minha própria experiência com diários e meditação, eu o encorajo a manter um diário de meditação no qual você anotará suas experiências conforme inicia e prossegue sua prática de meditação.

Embora o formato escolhido fique por sua conta, sugiro que você mantenha um registro do tempo gasto meditando, escreva todas as mudanças que reparar em si mesmo e assinale algumas de suas experiências à medida que elas surjam. Para algumas pessoas, o simples fato de manter um registro dos dias em que meditaram revelou uma correlação entre a meditação e como se sentiram no restante do dia. Para muitos alunos, os dias em que meditaram pela manhã foram os dias que sentiram ser menos estressantes e mais produtivos.

A partir de agora, vamos iniciar nossa prática com um tempo reservado a anotações no diário. Inspire e expire profundamente e dedique uns momentos para escrever em seu diário sobre o seguinte: faça uma pausa para refletir sobre o efeito que você gostaria que uma prática de meditação tivesse em sua vida e por que deseja iniciá-la. Alguns alunos são levados à meditação para se sentirem mais calmos, para terem mais energia ou para aliviar a ansiedade e a depressão. Outros chegam à meditação buscando encontrar uma sensação de paz e propósito e esperam desenvolver sua capacidade de tolerar dificuldades ou incertezas. Compreender por que você quer meditar é a chave que o manterá voltando à prática repetidas vezes.

DANDO INÍCIO À MEDITAÇÃO

Nan-in, um mestre japonês durante a Era Meiji (1868-1912), recebeu um professor universitário que desejava questioná-lo a respeito do Zen.
Nan-in serviu chá. Ele encheu a xícara do visitante e continuou a fazê-lo. O professor observou o líquido transbordar, até que não se conteve e interveio: "A xícara está cheia. Não cabe mais!"
"Assim como esta xícara", disse Nan-in, "você está cheio de suas próprias opiniões e especulações. Como posso lhe mostrar o Zen se você não esvaziar primeiro sua xícara?"

Antes que eu aprendesse, de fato, a meditar, o simples fato de pensar nisso já parecia muito complicado. Para fazer isso direito, meu cérebro ansioso me dizia, eu teria que investir em almofadas especiais, incensos, gongos e tigelas de canto. Eu não conseguiria chegar a lugar nenhum apenas sentando-me em um local qualquer e realizando respirações.

No entanto, este é o fascinante paradoxo da meditação. Ela pode domar e acalmar a complexidade e o caos de uma mente agitada com nada mais do que duas coisas simples que estão disponíveis o tempo todo: você e sua respiração. Mesmo com os variados tipos de meditação e todas as diferentes opções disponíveis em termos de postura, espaço, tempo (todos os quais abordaremos neste livro), na verdade, há apenas três etapas que são absolutamente necessárias:

1. Preparar-se e insistir

2. Relaxar e escolher um ponto de foco

3. Prestar atenção

Vamos analisar mais detalhadamente o significado de cada um desses requisitos.

Preparar-se e insistir

Talvez você esteja familiarizado com a frase de Woody Allen de que 80% do sucesso consiste em insistir. Bem, quando se trata de meditação, insistir corresponde a 100%. Almofadas e incenso não adiantam muito se você não estiver lá para praticar. E, no entanto, esse simples fato de estar lá pode representar um verdadeiro desafio. Nossos dias são cheios. Temos que cuidar dos filhos, ir para o trabalho, preparar e comer as refeições, limpar a casa, fazer exercícios, pagar as contas, ir a compromissos, terminar projetos, dar atenção a amigos e familiares e muito mais. No fim do dia, muitas vezes só temos condições de ficar prostrados diante de uma tela ou ir para a cama. Em geral, o tempo é o maior obstáculo quando se trata de meditação. Não raro, ela pode ser relegada ao último item de uma lista interminável de tarefas e ser adiada para outro dia. Num piscar de olhos, passou-se um mês e a meditação já não faz parte de nossa vida.

Quando ensino meus alunos os fundamentos da meditação, enfatizo a importância de simplesmente insistir nos primeiros trinta dias, não importa o que mais esteja acontecendo em sua vida, porque normalmente é nesse prazo que você começará a ver e sentir os benefícios da prática. (Você encontrará o esboço de um Desafio de meditação de 30 dias mais adiante neste livro.)

Há um ditado Zen que diz: "Você deveria parar para meditar por vinte minutos por dia. A menos que você esteja muito ocupado, porque, então, você deve fazê-lo por uma hora". Os dias mais caóticos em que você sente que não tem tempo para meditação são provavelmente os dias em que você mais necessita dela.

Embora o básico da meditação seja simples, há várias opções em termos de espaço, postura/posição de meditação e outras considerações que o ajudarão a se preparar para iniciar sua prática. A seguir, estão algumas das opções disponíveis para você.

Abra espaço

Embora você não precise de um espaço especial designado para meditação, pode ser útil estabelecer um local regular apenas para esse propósito, especialmente quando você está começando. Isso cria pistas sensoriais em torno desse espaço específico que se tornarão um sinal para o seu corpo de que "este é o lugar onde estou seguro, quieto e posso relaxar". Mesmo depois de estar acostumado à meditação e não "precisar" mais do espaço, você poderá descobrir que aprecia ter uma área reservada para isso.

Seu espaço para meditação pode ser muito simples, mas deve estar situado em algum lugar onde você não seja perturbado. Este é provavelmente o aspecto mais importante ao se escolher um espaço para meditação. Seu escritório em casa, o canto de uma sala de estar ou quarto, ou até mesmo um grande *closet* – se esse for o único lugar em que você sabe que não será perturbado – servirá bem.

Se você tiver espaço para isso, pode querer montar uma mesinha com um arranjo de flores ou algum objeto que represente tranquilidade ou paz para você. Nos templos budistas, você quase sempre verá uma estátua de Buda em um altar ou mesa exatamente para tal fim. Embora decorar ou embelezar um espaço para meditação não seja de forma alguma um requisito, pode ser outra dica para ajudá-lo a estar lá para praticar e relaxar.

Outra dica de preparação é limitar ao máximo suas possíveis distrações. Isso significa garantir que a televisão, o celular e qualquer música estejam desligados e que outras pessoas em sua casa ou ambiente de trabalho saibam que você vai meditar. Você também pode pendurar uma placa de "Não perturbe" na sua porta. Se for interrompido, tente não permitir que a interrupção encerre sua prática de meditação, mas, em vez disso, acomode-se assim que a interrupção terminar e medite por apenas alguns minutos para encerrar a sessão em um estado de calma e relaxamento, se possível.

Sente-se

Depois de ter designado um local, existem várias opções de como posicionar seu corpo para a meditação. Por enquanto, vamos nos concentrar em escolher uma posição sentada.

Para começar, recomendo que você se sente em uma cadeira ou em uma almofada no chão. Não importa o que escolher, você deseja estar confortável, alerta e manter uma boa postura, o que acabará por contribuir com sua prática. É difícil relaxar, concentrar-se e prestar atenção se você estiver desconfortável, e isso tornará mais difícil a prática regular. O objetivo é sentar com a coluna reta, mas não tão rígida a ponto de ser desconfortável. Imagine que seu cóccix está descendo em direção à terra e sua cabeça está flutuando em direção ao céu. Baixe o queixo levemente para liberar a parte de trás do pescoço.

Se for escolher uma almofada no chão, recomendo sentar-se com as pernas cruzadas, permitindo que os joelhos relaxem para baixo em direção à terra. Sentar em uma almofada mantém os quadris mais altos do que os joelhos, o que é fundamental para tornar essa posição confortável e manter o estado de atenção. Outras opções incluem ajoelhar-se ou sentar-se na almofada com as panturrilhas de cada lado.

Existem almofadas redondas projetadas para meditação chamadas zafus, e muitas vezes são combinadas com uma almofada quadrada maior chamada zabuton, que fica embaixo.

Nem um zafu nem um zabuton são necessários para a meditação budista, mas se você quiser experimentá-los, há inúmeras opções para comprá-los on-line. Em geral, existem vários colchonetes, almofadas e travesseiros que podem funcionar para fins de meditação; então, sinta-se à vontade para explorar suas opções a fim de encontrar o que é adequado para você. Algumas pessoas também se sentem igualmente confortáveis no chão sem almofada.

Para muitas pessoas no Ocidente, sentar-se em uma cadeira é uma alternativa prática às posições no chão. Novos alunos meus às vezes pensam que sentar em uma almofada no chão é necessário para a meditação budista, e quero deixar claro que nada poderia estar mais longe da verdade. Alguns dos melhores praticantes de meditação que conheço preferem uma cadeira em vez de uma almofada. Sentar-se em uma cadeira também tira a pressão de seus quadris e joelhos; portanto, se você tiver algum problema de amplitude de movimento ou lesões antigas, uma cadeira é a escolha perfeita.

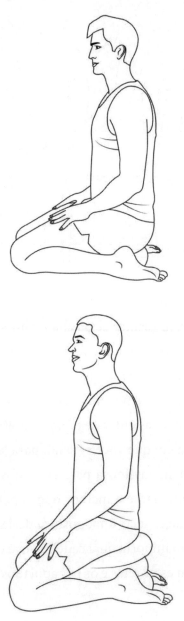

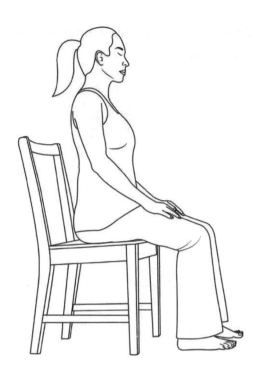

Assim como sentar-se no chão, é importante manter uma boa postura, e escolher a cadeira certa é importante aqui. O ideal é que seja uma cadeira de espaldar reto ou mesmo uma cadeira sem espaldar, o que o encorajará a sentar-se ereto. A poltrona confortável favorita em que você se senta para ler ou assistir TV pode ser maravilhosa para essas atividades, mas provavelmente não é a melhor opção para a meditação, pois pode ensejar uma postura desleixada ou sonolência. Não importa qual cadeira você escolha, suas costas devem estar retas e os pés apoiados firmemente no chão.

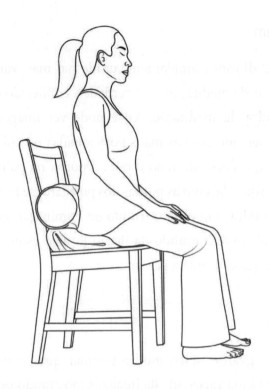

Acomode-se em uma postura

Quando as pessoas pensam em meditação, muitas vezes lhe vêm à mente imagens de homens sentados com as mãos em diferentes posições ou da iconografia espiritual com posições especiais das mãos conhecidas como mudras. Os mudras especiais não são necessários para a meditação e, embora existam desde os tempos antigos, não são frequentemente usados na prática moderna de meditação secular. No entanto, se quiser tentar meditar com um mudra, aqui estão dois simples para você experimentar.

Dhyani

O dhyani é amplamente usado nas mais variadas técnicas de meditação e na verdade é conhecido como o mudra da meditação. Você pode ver imagens do Buda sentado com as mãos posicionadas no colo. Em dhyani, o dorso da mão direita repousa na palma da mão esquerda, com as pontas dos polegares se tocando. Este mudra simboliza o triunfo da iluminação (a mão direita) sobre o mundo da ilusão (a mão esquerda) e diz-se que estimula a paz interior.

Gyan

O gyan é outro mudra popular que você pode ver em uma variedade de imagens mostrando pessoas meditando sentadas com as pernas cruzadas. Consiste em unir o polegar e o indicador, estendendo os três dedos restantes para fora. Diz-se que estimula o foco e a sabedoria.

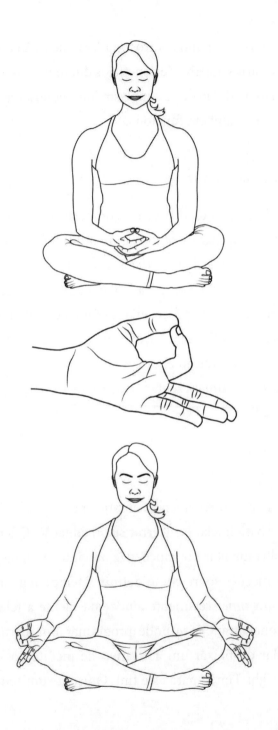

Existem muitos outros mudras que estão associados a vários objetivos e benefícios diferentes. No entanto, não há dúvida que simplesmente repousar as mãos nas coxas também funciona.

Foque seu olhar

Dependendo do que for confortável para você, recomendo fechar os olhos ou mantê-los semicerrados. Se optar por fechar as vistas parcialmente, seu olhar deve ser direcionado para baixo alguns centímetros à sua frente com um foco suave, sem fixar nada em particular. A ideia é que você limite quaisquer distrações visuais. Na tradição Zen, com esse exato propósito, os adeptos costumam sentar-se de frente para uma parede ao meditar.

Ajuste um timer

Por fim, recomendo enfaticamente o uso de um *timer* para iniciar e encerrar sua meditação. Quer você escolha meditar por cinco, dez ou vinte minutos (mais informações sobre como definir o tempo logo adiante), um *timer* realmente ajuda sua mente a relaxar e se concentrar. Você pode programar um alarme no celular ou baixar um aplicativo de meditação, como o Insight Timer, para este fim. O uso de um *timer* reforça seu compromisso com a prática, pois uma vez determinado um tempo específico de término, seja cinco ou vinte minutos, é importante continuar presente e redirecionar sua atenção até o fim. O *timer* o estimula a adiar qualquer impulso de levantar e parar, a fim de que você possa manter a curiosidade sobre o que acontece momento a momento. Você pode abrir os olhos e verificar o tempo, se precisar, mas volte a fechar os olhos em seguida e retorne à prática como faria depois de um ato consciente de se coçar para se livrar de uma comichão momentânea.

Essas são as coisas básicas que você deve fazer para se preparar antes de sua primeira sessão de meditação. Também incluí algumas informações adicionais na seção Explorações, que respondem às perguntas comuns que recebo dos alunos iniciantes nas aulas de meditação.

Relaxando e escolhendo um ponto de foco

Quando estiver pronto para começar, o próximo passo é sentar-se e permitir que a mente e o corpo se acalmem. Você pode não estar se sentindo calmo no início, e isso é perfeitamente normal. Sua mente pode estar acelerada e seu coração batendo rápido, mas é parte integrante da meditação budista que você traga seu corpo físico para a quietude. Há um velho ditado que eu gosto: "Se você trouxer o corpo, a mente o seguirá". Acho isso particularmente verdadeiro no caso da meditação. Sentar e relaxar o corpo simplesmente, respirando fundo algumas vezes, acalmará a mente. O próximo passo é se acomodar nesse relaxamento, e escolher um ponto de foco o ajudará a fazer isso. Exploremos o significado disso com um pouco mais de profundidade.

Existem basicamente duas diferentes "escolas" de meditação quando se trata de foco. A primeira escola enfatiza um ponto focal, ou "âncora", desde o início, e o praticante de meditação é instruído a se concentrar nesse mesmo ponto durante toda a sessão. Exemplos desse tipo de ponto focal incluem trazer sua atenção para a respiração; identificar a respiração (pensar *inspire, expire* enquanto respira); repetir uma breve oração, palavra ou mantra; ou contar mentalmente de um a dez sem parar. O objetivo de ter um ponto focal é proporcionar à nossa mente inquieta algo para fazer, em vez de deixá-la transitar de um pensamento para outro, como ela normalmente faz. É como dar um quebra-cabeça ou brinquedo educativo para uma criança para deixá-la imersa na atividade: fixa sua atenção e a tranquiliza, enquanto a ajuda a treinar a mente para resolver problemas. Mais cedo ou mais tarde, assim como uma criança aprende a manter a calma e controlar suas reações à medida que cresce e não precisa mais do quebra-cabeça ou brinquedo para fazê-lo, a mente também aprende a controlar suas reações ao pensamento e à emoção, e o ponto focal pode naturalmente desaparecer em favor do silêncio ou do vazio. Com um ponto focal, o segredo é que, sempre que você perceber que se distraiu ou se perdeu em pensamentos, simplesmente retorne à sua âncora e comece de novo.

Embora você possa transformar qualquer coisa em seu ponto focal, o mais popular é a respiração. Como mencionei a respeito da atenção plena no capítulo anterior, estamos sempre respirando, mas na maioria das vezes não temos consciência disso. A respiração é o aspecto mais constante e importante da vida, por isso, naturalmente, fornece um ponto focal acessível. Você pode refinar o foco na respiração concentrando-o no ponto onde a sente com mais intensidade – no subir e descer da barriga, na expansão do seu peito ou na temperatura e fluxo pelo nariz.

Vá em frente, feche os olhos e reserve um momento para observar sua respiração. Sinta a inspiração e a expiração. Esse simples foco na respiração é tudo o que você precisa fazer para começar a meditar.

O segundo método, mais esotérico, começa com um foco no silêncio entre seus pensamentos. Para esta abordagem, você se acomodaria em seu espaço na postura/posição escolhida e, em seguida, traria sua atenção para seu silêncio interior, também descrito como quietude interior, vacuidade ou consciência. Inevitavelmente, ainda mais no início, esse silêncio interior será quebrado por pensamentos e sentimentos aleatórios. Em vez de tentar ocupar a mente com um ponto focal repetido, no entanto, o praticante de meditação é instruído a acolher o pensamento e depois deixá-lo ir embora, de modo que não o ignore nem se apegue a ele.

Alguns professores instruem os alunos a dizer *Obrigado* à sua mente quando percebem que uma corrente de pensamentos os desviou e depois voltam a se concentrar no silêncio. Outra ferramenta popular para ajudar a mente a retornar à consciência com esse método é que, quando você perceber que sua mente está presa em uma cadeia de pensamentos, simplesmente lembre-a dizendo interiormente: *Podemos pensar nisso mais tarde; agora estamos meditando*. Isso sinaliza para a mente que você não está descartando nada importante – está apenas reforçando que há hora e lugar para pensar e hora e lugar para ficar em silêncio. Após esse reconhecimento, você simplesmente traz sua atenção de volta ao silêncio no momento presente.

Quase todas as formas de meditação se enquadram em um desses dois métodos, e nenhuma é superior à outra; trata-se realmente de uma questão de preferência pessoal. Ambas resultarão em você estar no momento presente. No início de sua prática, dedique algum tempo a cada método para ver qual funciona melhor para você. A maioria das pessoas acha que prefere uma forma à outra e, depois de determinar de qual você mais gosta, continue com ela. Escolher uma abordagem é preferível a alternar, pois permite que você se aprofunde na prática ao longo do tempo.

Prestando atenção

Antes daquele fim de semana no Shambhala Center, nunca havia prestado muita atenção em como eu interagia comigo mesma. Nunca percebi que muitos dos meus pensamentos sobre mim eram prejudiciais, negativos e críticos. Durante aquelas primeiras sessões de meditação, meus pensamentos eram mais ou menos assim:

Não posso estar fazendo isso certo. Não tenho ideia do que estou fazendo. Eu deveria parar. O que há de errado comigo? Não consigo fazer nada ultimamente, nem sei por que estou aqui. O que eu estava pensando? Estou desperdiçando o meu tempo e o tempo dos instrutores também. Sua mente está vagando de novo... Será que não pode simplesmente se concentrar na respiração? Volte à sua respiração, Cynthia!

No meio dessa tagarelice, ouvi o professor dizer: "Não precisa ficar aborrecida consigo mesma por se distrair ou ser perturbada por seus pensamentos. Apenas diga a si mesma, 'eu agradeço por compartilhar', e volte a se concentrar em sua respiração".

Eu agradeço por compartilhar? Acho que nunca dissera algo assim para mim mesma antes. Ocorreu-me que eu nunca, conscientemente, tinha me permitido *ser*, sem decidir se eu estava sendo boa ou má, estava certa ou errada, era superior ou inferior. Prestar atenção e simplesmente acolher meus pensamentos sem julgamento era completamente estranho para mim.

Descobri que isso também vale para meus alunos que estão começando. Por alguma razão, não parece natural ter pensamentos e não levá-los a sério ou não se distrair com eles. É difícil porque nossa mente pensante e contadora de histórias está programada para avaliar tudo e dá um jeito de nos convencer de que tudo o que pensa é *muuuuito* importante.

Permitir que nossos pensamentos ocorram – sem julgamentos, sem conferir-lhes importância excessiva – pode parecer estranho, até um pouco perigoso. Sem forçar, resistir, apegar-se ou cogitar a ideia de consertá-los. Isto é o que acontece quando você presta atenção em seus pensamentos como se fosse um observador não envolvido: você percebe seus pensamentos, mas não é consumido por eles. É aqui que a atenção plena interna de que falei no capítulo anterior realmente entra em cena.

Aconteceu comigo e com muitos dos meus alunos – e espero que ocorra com você também: a meditação muda nossa relação com os pensamentos. Eles não se tornam mais a verdade absoluta – e, como resultado, não nos controlam mais.

Isso nos leva a um dos principais *insights* da meditação budista, que é a percepção de que seus pensamentos, ou aquela voz em sua cabeça, não é quem você de fato é. Os pensamentos vêm e vão, surgem e desaparecem, mas há uma consciência, ou presença, por trás dos pensamentos que os observa ir e vir.

Para mim, esta foi uma grande revelação. Eu sempre levei meus pensamentos tão a sério, porque achava que os pensamentos na minha cabeça eram "eu". A meditação é o lugar onde você pode experimentar a si mesmo de forma diferente, como algo maior do que o pensamento, talvez pela primeira vez em sua vida.

A meditação oferece uma enorme oportunidade de se distanciar de alguns dos padrões de pensamento, crenças e histórias que contribuem para o seu sofrimento. A preocupação, a ansiedade, o arrependimento, o medo do fracasso e todos os outros estados mentais que causam sofrimento são principalmente o resultado de pensamentos, e quando você vê que eles não são você, que eles surgem e desaparecem sozinhos, você se dá conta de que não precisa levar tudo tão a sério, mesmo que seja apenas pelo período em que estiver meditando, e o resultado disso é que seu sofrimento diminui.

A percepção de que *você não é seus pensamentos* é um dos dons da meditação pelos quais o budismo talvez seja mais conhecido. Este princípio forma a base para outro princípio fundamental do budismo chamado anatta. Trata-se da ideia de que a voz em nossa cabeça é um tipo de "eu" ilusório com o qual todos nos identificamos, e quebrar essa identificação permanentemente é a chave para acabar com o sofrimento de uma vez por todas. Uma discussão completa a respeito desse princípio está além do escopo deste livro, mas basta dizer que na meditação podemos experimentar a paz que existe além da mente pensante.

É claro que prestar atenção ao que surge em sua mente oferecerá outros dons de *insight*. Por exemplo, durante a meditação, você pode receber uma ideia inspirada sobre o próximo passo que deve dar ao tratar de uma situação difícil, ou pode obter clareza sobre seus verdadeiros sentimentos em relação a algo que antes da meditação você não conseguia avaliar. Você também pode encontrar paz e calma num grau que nunca experimentou – embora, lembre-se, não sentir paz e calma durante uma meditação não significa que você "fracassou"; aceite o que vier. Como somos todos únicos, os dons adicionais de *insight* são tão numerosos quanto as pessoas que meditam.

Esses três passos – insistir, relaxar/focar e prestar atenção – são os fundamentos da meditação budista. Se você está fazendo isso, está praticando. Agora você tem tudo o que precisa para começar a meditar e, só de aprender sobre isso e praticar os exercícios de atenção plena que discutimos no capítulo anterior, você já pode experimentar alguns dos benefícios de cultivar esse tipo de suave atenção em sua vida.

No capítulo seguinte, veremos alguns dos diferentes métodos de meditação disponíveis que podem ajudá-lo a explorar e aprofundar sua prática de meditação. Antes de fazermos isso, dê uma olhada nas Explorações a seguir, pois incluí uma "colinha" para sua primeira meditação e algumas outras informações úteis para lembrar ao iniciar.

Explorações

Quando comecei a meditar, queria algo muito simples e objetivo que eu pudesse seguir para me ajudar a iniciar minha prática, e isso é algo que meus alunos também me pediram muitas vezes, então, estou incluindo minha própria colinha pessoal para você. Nesta seção, vou compartilhar com você um esboço básico passo a passo de uma sessão para que você possa começar a meditar agora mesmo. Também abordarei alguns pontos adicionais a serem lembrados antes de você iniciar a sua prática, além de esclarecer algumas dúvidas comuns.

Sua primeira sessão de meditação

Você se lembra da primeira vez que tirou o carro da garagem dando ré? Esse processo, para alguém que nunca fez isso antes, é um turbilhão caótico de informações para o cérebro e o corpo. Você sente os pés nos pedais e as mãos no volante; está recebendo *input* visual dos espelhos, bem como de seus próprios olhos, e *input* auditivo de dentro e de fora do veículo. Você precisa avaliar a distância, a velocidade e a intenção dos outros na via. Se você é um motorista habitual agora, provavelmente pode fazer tudo isso sem muito problema, mas quando tentou pela primeira vez, seu cérebro ainda não tinha se acostumado a nenhuma dessas habilidades altamente coordenadas, atenção, ação e reação.

De certa forma, o mesmo é verdadeiro quando se aprende meditação. Ficar quieto e entrar em sintonia pode revelar uma quantidade enorme de tagarelice no cérebro e atividade no corpo, e você ainda não tem nenhuma experiência em que se basear. Lembre-se: sua prática consiste em começar de novo. Então, quando você for levado pelo pensamento "Estou fazendo isso errado", você deve dizer a si mesmo *Eu agradeço por compartilhar*, e retornar ao seu ponto focal. Ao voltar ao seu ponto focal, você sabe que está praticando, e isso significa que está fazendo certo.

Com isso em mente, preparei uma pequena lista de como é o processo real de meditação. Pense nisso como uma colinha para seu empurrão inicial e, depois de meditar algumas vezes, você não precisará mais dela.

1. Sente-se.

2. Acomode-se no espaço.

3. Feche os olhos ou baixe-os, focando o olhar à sua frente.

4. Faça uma ou duas respirações profundas e calmantes.

5. Inicie o *timer*.

6. Escolha seu ponto focal.

7. Sempre que você perceber que está distraído e preso em um pensamento ou em uma história, apenas observe, talvez diga a si mesmo *Eu agradeço por compartilhar*, e retorne ao seu ponto focal.

8. Prossiga com o indicado anteriormente pelo tempo definido.

Durante o processo de meditação, lembre-se de que é normal que seus pensamentos o levem a todo tipo de desvios. É aqui que entra a parte *prática* da meditação. Afinal, em que estamos trabalhando quando meditamos? Estamos trabalhando no processo de prestar atenção e readquirir foco quando nossa atenção vagueia.

Aqui está um exemplo de como podem ser suas distrações durante a meditação:

- Pensar: *Estou entediado... Isso é besteira... Eu deveria estar respondendo e-mails neste momento.*

- Mudar de posição em assento antes de se lembrar de se mover conscientemente.

- Ficar irritado por não se mover conscientemente.

- Sentir-se bobo por ficar irritado por não se mover conscientemente.

- Pensar: *Ficar irritado é uma emoção, e as emoções são temporárias.*

- Retornar ao momento presente e à âncora de sua respiração, sentindo-a passar pelas narinas.

- Querer se levantar.

- Voltar a se centrar na respiração.

E assim por diante...

A questão é a seguinte: não importa quantas vezes você queira se levantar e parar, ou se distrair, ou ser dominado por uma emoção poderosa ou narrativa, você volta a se concentrar no momento presente. *Readquirir foco e começar de novo é a prática.* Você sempre pode começar de novo.

Aqui estão alguns outros lembretes úteis e simples a se ter em mente ao iniciar sua prática.

Não há nada a ser realizado

O objetivo da meditação não é se tornar o melhor praticante de meditação. Na verdade, realizar o que quer que seja não vem ao caso. Tratar a meditação como algo a ser alcançado ou realizado levará a julgar, avaliar e comparar a nós mesmos e nossas experiências com os outros. Em vez disso, queremos nos permitir existir no momento presente. Nessa prática, queremos fazer menos e ser mais; tentar menos e perceber mais. Desta forma, experimentamos a consciência.

A posição de lótus não é necessária

Quando se trata de posturas de meditação, a primeira imagem que provavelmente vem à mente é o que é comumente chamado de posição de lótus. A posição de lótus consiste em cruzar as pernas para que ambos os pés fiquem fora do chão e pousados em cada coxa oposta. Isso abre os quadris, mantém a coluna reta e supostamente ajuda a manter a mente desperta e focada. No entanto, é uma posição desafiadora para muitos – em especial, para aqueles com joelhos comprometidos – e você já pode estar se perguntando como diabos você se sentaria desta forma seja lá por quanto tempo fosse. Bem, embora a posição de lótus tenha seus benefícios, não é necessário de forma alguma se sentar dessa maneira para meditar. Se você gosta da posição e acha que ela o ajuda a estar lá para praticar, relaxar e prestar atenção, continue a sentar-se assim, com certeza. Mas saiba que existem muitas outras opções quando se trata de postura na meditação.

Você está fazendo certo

Antes de começar a meditar, é importante saber que você pode sentir que está fazendo errado. Mas quero enfatizar que a única maneira de fazer errado é se você não estiver fazendo nada. Tive alunos que diziam: "Bem, passei o tempo todo pensando e não me concentrei na minha respiração". Ou: "Tive dificuldade em ficar acordado – eu sempre acabava adormecendo". Ou: "Desta vez, não me senti nem um pouco calmo. Eu me senti mais ansioso, desconfortável psicologicamente".

Cada um desses alunos estava realizando a prática.

A meditação nos oferece uma gama infinita de experiências, e nenhuma sessão será igual à seguinte. Um dia, você pode facilmente prestar atenção à sua respiração por dez minutos e, no outro, pode se sentir incapaz de se concentrar. Você pode terminar uma sessão e se sentir energizado, com uma visão mais otimista das pessoas e situações, ou pode se sentir apressado, agitado, irritado ou taciturno. Reconheça isso antes de começar a meditar, para que você possa se permitir ser como é durante a meditação, sem julgar, avaliar ou administrar sua experiência.

Conforto físico

Se você sentir um ponto coçar, fique à vontade para coçá-lo e, se estiver desconfortável, não faça cerimônia para ajustar seu assento. No entanto, qualquer movimento deve ser feito conscientemente – isto é, com atenção suave antes e durante a mudança – e, então, traga sua atenção de volta à âncora logo em seguida. Por exemplo, acho que depois de quinze minutos, minha perna esquerda em geral adormece, então, desloco minha atenção da respiração para minha perna enquanto a movo. É uma sensação estranha, perceber o sangue fluindo de volta para o meu pé enquanto eu o desloco. O movimento torna-se parte da minha meditação. Uma vez que a sensação se dissipa, eu torno a centrar minha atenção na minha respiração.

Meditar sozinho *versus* meditar acompanhado

Algumas pessoas preferem realizar sozinhas a meditação, enquanto outras se dão melhor com a energia de meditar em grupo. Eu acredito que em momentos diferentes em sua prática você preferirá um ao outro. Algumas pessoas acham que pode ser mais fácil permanecer meditando quando estão na companhia de outras pessoas. Uma opção não é necessariamente melhor do que a outra, nem foi cientificamente comprovada que é mais benéfica do que a outra. Tal como acontece com muitas coisas quando se trata de meditação, experimente ambas as modalidades, e o que for de sua preferência é o caminho a seguir. Dependendo de onde você mora, uma busca rápida por "meditação perto de mim" pode fornecer uma variedade de opções budistas e seculares para meditação em grupo.

Quando meditar

Uma última consideração ao estabelecer seu ritual de meditação refere-se, obviamente, ao horário. No início, recomendo tentar meditar na mesma hora todos os dias. Você pode acrescentar a meditação aos seus hábitos existentes realizando a prática de manhã depois de acordar, ir ao banheiro, lavar o rosto e escovar os dentes. Outro bom momento é no meio da tarde, naquele horário do dia em que apresentamos uma certa sonolência, por volta das 15h30 ou 16h, quando parece que você precisa de outra xícara de café e talvez de um lanche doce para aguentar o restante do dia. Em vez disso, tente sentar-se para meditar por dez minutos e você se sentirá revigorado e provavelmente com mais energia. Eu tinha um aluno que ajustava o celular para tocar todos os dias às quatro da tarde para meditar e tomar seu chá. Outra colocava um alarme para tocar por volta do meio-dia, quando procurava uma sala no trabalho para meditar. Não demorou muito e, mesmo quando ela não estava ao lado do telefone, seus colegas de trabalho a avisavam: "Seu telefone tocou o alarme. É hora da meditação!" Programe-a e integre-a à sua rotina existente.

Experiências comuns durante a meditação

Qualquer sensação que você manifeste durante a meditação é normal; no entanto, alguns de meus alunos gostam de saber com antecedência que experiências podem ter durante o processo, para que não sejam tão assustadoras ou provoquem ansiedade quando acontecerem. A maioria dessas experiências comuns está relacionada à liberação do estresse do seu corpo.

• *Enxergar cores:* alguns alunos começarão a enxergar cores durante a meditação, geralmente na forma de manchas, redemoinhos ou *flashes*. Podem ser verdes, violetas, azuis – na verdade, qualquer cor pode aparecer – ou, às vezes, apenas pretos.

• *Sentir contrações:* à medida que nosso corpo começa a relaxar, nossos músculos podem começar a se contrair.

• *Engolir em excesso:* tenho a tendência de começar a engolir muito mais do que o normal durante a meditação, pois minha garganta relaxa e a saliva flui mais livremente.

• *Sentir dores no corpo:* quando ficamos mais quietos, podemos perceber sensações desconfortáveis no corpo que estávamos suprimindo, especialmente dor. Ajustar sua postura pode ajudar com isso.

• *Adormecer:* é muito comum que os iniciantes na prática da meditação se sintam sonolentos no começo, e isso pode significar que é preciso descansar mais à noite. Se isso acontecer com você, certifique-se de não estar meditando deitado.

- *Perder a noção do tempo:* ao meditar, você pode perder a noção normal de tempo e espaço – ou experimentar uma "lacuna" no tempo. Pode parecer que uma sessão durou apenas um minuto em vez de dez ou vinte.

- *Sentir emoções fortes:* assim como a dor, as emoções submersas às vezes podem surgir em nossa consciência enquanto meditamos. Isso pode ser alarmante, mas é totalmente normal.

- *Chorar e rir:* com ou sem emoções, chorar e rir são reações físicas naturais quando o corpo libera o estresse.

Reiterando: qualquer experiência que você tenha é normal. Se alguma dessas experiências se tornar opressiva a qualquer momento, abra os olhos, volte a fechá-los e retorne ao seu ponto focal.

APROFUNDANDO SUA PRÁTICA

Daiju visitou o mestre Baso na China. Baso lhe perguntou: "O que você busca?"
"A Iluminação", respondeu Daiju.
"Você tem sua própria arca do tesouro. Por que você procura fora dela?", perguntou Baso.
Daiju perguntou: "Onde está minha arca do tesouro?"
Baso respondeu: "O próprio ato de você questionar é a sua arca do tesouro".
Daiju foi iluminado! Desde então, passou a encorajar seus amigos: "Abra sua própria arca do tesouro e use esse tesouro".

A primeira prática de meditação que aprendi naquele fim de semana no Shambhala Center foi samatha (às vezes grafada *shamatha*). Uma das práticas de meditação budista mais fundamentais, samatha é essencialmente uma meditação calmante que o encoraja a se concentrar na respiração e a voltar a ela cada vez que perceber que seus pensamentos levaram sua mente para outro lugar.

A meditação samatha está intimamente ligada ao que é provavelmente a mais conhecida das meditações budistas, a vipassana. Muitas vezes traduzida como "meditação do *insight*", vipassana implica que na meditação temos a capacidade de *ver as coisas como elas realmente são*, ou observar e compreender a natureza de nossa realidade. Uma das razões pelas quais elas estão tão relacionadas é que praticar samatha (relaxar e escolher um ponto de foco) é o que leva à vipassana (*insight*).

Como você já deve ter percebido, a meditação que abordamos no capítulo anterior é uma combinação das técnicas de meditação samatha (calmante) e vipassana (*insight*). Ela o convida à samatha ao relaxar e escolher um ponto de foco e então à vipassana enquanto você presta atenção ao que surge em sua consciência. É importante ressaltar que o nível mais profundo de vipassana referenciado pelos mestres budistas normalmente leva anos de meditação para ser alcançado. Ao mesmo tempo, tudo isso é relativo, porque muitas pessoas relataram ter recebido *insights* poderosos depois de meditar por pouco tempo. Como já mencionei, o impacto da meditação em minha própria vida foi profundo, e isso certamente é resultado em parte do aumento do *insight*, ou vipassana.

Depois daquele primeiro fim de semana no Shambhala Center, continuei a praticar a meditação que me ensinaram naquele fim de semana por um bom tempo antes de descobrir que havia outras formas que eu poderia tentar. No meu caso, samatha funcionou para mim, pois minha prática diária era constante e descomplicada. Mesmo quando aprendi sobre outras técnicas de meditação e as experimentei, samatha era a prática para a qual eu continuava retornando, a que eu fazia com mais frequência.

Embora eu acredite que a técnica de meditação que abordamos no capítulo anterior seja um excelente ponto de partida, as pessoas são diferentes, então, também acredito que é bom tentar meditações diferentes ou pelo menos ter conhecimento delas, porque você pode achar que gosta mais de algumas, ou pode descobrir que, em combinação com outras técnicas, elas o ajudam a aprofundar ainda mais sua consciência. Com esse objetivo em mente, este capítulo será dedicado a explicar alguns outros tipos de meditação budista para que você possa experimentá-los também.

Se você se lembrar do capítulo 1, os três venenos do budismo são desejo, aversão e ilusão. Estas são as raízes do nosso sofrimento como seres humanos. Observe que todos esses são estados interiores; eles vêm de dentro de nossas mentes. O budismo nos oferece três antídotos – generosidade, bondade amorosa e sabedoria – e as meditações a seguir são projetadas para ajudá-lo a cultivar tais qualidades em você, reduzindo assim o sofrimento no processo.

Generosidade

Desejo e apego são talvez os mais conhecidos dos três venenos, provavelmente porque nosso mundo moderno leva o desejo a um patamar totalmente novo. Somos bombardeados diariamente com anúncios e outras imagens que enfatizam que precisamos comprar isso, ter determinada aparência ou experimentar aquilo, caso contrário, não estaremos completos. Alimentando a ideia de que precisamos de mais está o conceito de escassez, ou a crença de que não há amor, felicidade ou dinheiro suficiente para todos. Essa noção de escassez e carência se estende não apenas às posses materiais, mas também às emoções, relacionamentos e modos de ser. Como vivemos em uma sociedade que promove que não somos suficientes e que nunca temos o suficiente, as sementes do sofrimento humano em torno do desejo são plantadas em quase todos os aspectos de nossa vida. Raramente estamos parados, ou satisfeitos, ou plenos ou em paz, porque nos dizem constantemente que não somos *suficientes como somos*.

Uma das coisas que eu amo no budismo é que seus ensinamentos vão diretamente contra as mensagens da sociedade e o conceito de escassez. O budismo sustenta que já somos de fato plenos e não há nada que precisemos acrescentar a nós mesmos para sermos completos. É por isso que a meditação, que se baseia no que já está dentro de você, é a receita que o budismo oferece para o que nos aflige. Um mundo em que cada momento é completo em si mesmo é um mundo de paz e verdadeiro contentamento, a partir do qual nossa resposta natural às necessidades dos outros é ser generoso.

Meditação da generosidade

Quando meditamos em nossa própria integridade e contentamento, isso naturalmente nos leva a um sentimento de generosidade expansiva.

Ao iniciar sua meditação, recite estas frases silenciosamente para si mesmo:

Eu sou suficiente.

Eu tenho tudo que preciso.

Eu sou completo.

Eu estou satisfeito.

Considere, no decorrer de sua vida diária, como seria se você sempre sentisse que tem tudo que precisa e, de fato, tem tanto que não precisa se preocupar em não ter o suficiente no futuro. Como isso mudaria seus relacionamentos com as pessoas próximas a você? Com seus colegas de trabalho? Sua comunidade? O mundo?

Meditação da gratidão

Intimamente relacionada à generosidade está a gratidão. Na verdade, pode-se dizer que a gratidão, assim como o sentimento de plenitude, é o que pode conduzi-lo à generosidade. A gratidão também pode ser vista como o oposto do desejo, porque quando estamos focados em sermos gratos pelo que temos, a sede insaciável do desejo cessa ou pelo menos é aplacada.

Nesta meditação, ao se sentar, você volta sua atenção para tudo pelo que precisa agradecer em sua vida agora. Comece pequeno. Você pode pensar em seu corpo, no chão abaixo de você e em como a terra está sustentando você neste exato momento. Pode ampliar sua consciência para os lugares em que vive e trabalha, a sensação de segurança que sente, seus amigos e familiares, a natureza e as árvores que lhe dão oxigênio para respirar. Quando perceber que seus pensamentos o levam para outra coisa, simplesmente traga sua atenção de volta para a gratidão.

A meditação que celebra a gratidão pode ser uma prática muito poderosa. Além de tirar o foco do desejo, alivia alguns estados de espírito que também estão no âmbito do sofrimento: sentir-se desconectado dos outros, solitário, indigno, como se tivesse fracassado, ou como se algo estivesse errado com você ou com sua situação atual. Todas essas são excelentes oportunidades para praticar a meditação da gratidão. Uma infinidade de estudos mostra que focar nas coisas pelas quais somos gratos ajuda nossa saúde e bem-estar geral e cria uma sensação de conforto e conexão com os outros.

A generosidade é sentida quando sabemos que estamos completos, satisfeitos e agradecidos pelo que temos, e acrescentar essa meditação à sua prática pode ajudá-lo a experimentar isso.

Bondade amorosa

Metta é uma palavra em páli que normalmente é traduzida como "bondade amorosa", embora também seja traduzida como a palavra única "amor". Você pode ter ouvido ou visto esse termo budista antes, pois é um dos que entraram na cultura popular ocidental. Metta tem um significado mais profundo do que o tipo de amor que ouvimos e vemos em canções e filmes românticos. Bondade amorosa se assemelha mais a uma atitude de boa vontade desapegada que desejamos cultivar em relação a todos em nossas vidas, inclusive a nós mesmos. Desta forma, metta é o antídoto para a aversão.

Meditação metta

Já mencionei que foi durante a meditação que percebi pela primeira vez o quanto de meu diálogo interno consistia em me julgar e me repreender. Por meio da meditação, percebi como muitas vezes eu própria era quem mais me criticava e regularmente falava comigo mesma de um jeito que nunca falaria com os outros. Se você também sofre de muito diálogo interno negativo, a meditação metta pode ajudá-lo a estender a bondade amorosa a si mesmo e mudar a forma como você fala consigo mesmo no processo.

A meditação metta é particularmente útil quando você está lidando com outras pessoas das quais você acha que tem antipatia ou raiva ou quando ressentimentos em relação aos outros estão nublando sua mente. Lembre-se de que, com o ressentimento, é você quem sofre, e é por isso que o ressentimento às vezes é comparado a "tomar veneno e esperar que a outra pessoa morra". Muitos de meus alunos disseram que incluir meditação metta à sua prática teve um efeito profundo e transformador em seus relacionamentos em casa e no trabalho. Ao estender aos outros o espírito de bondade amorosa durante a meditação, muitas vezes descobrimos que a maneira como interagimos com eles fora da meditação também muda para melhor. Como e por que isso de fato funciona nem sempre é explicável, entretanto, em mais de uma ocasião eu tive alunos que vieram até mim e afirmaram que depois de praticar a meditação metta em relação a alguém com quem eles estavam tendo dificuldade, a outra pessoa "milagrosamente" mudou; e em outras vezes os alunos disseram que estender amor e bondade à outra pessoa na meditação lhes permitiu entender melhor o ponto de vista do outro, reduzindo assim o conflito.

Quando estendemos metta a pessoas de quem não gostamos, podemos ver como isso é diferente da maioria das ideias tradicionais sobre o amor, que quase sempre se concentra nas pessoas especiais em nossas vidas, como familiares, nossas caras-metades e amigos íntimos. Essas pessoas especiais também têm lugar reservado em nossa meditação metta, pois proporcionam um excelente exemplo de onde consideração positiva e boa vontade são fáceis de você encontrar em seu interior e estendê-las para fora – é por isso que é recomendado que comecemos nossa meditação metta com elas em mente.

Embora existam diferentes maneiras de praticar a meditação metta, o método que vou ensinar envolve cinco partes, e todas elas começam com os mesmos fundamentos que abordamos no capítulo anterior. Depois de se sentar em uma cadeira ou almofada e acalmar o corpo e a mente por alguns instantes, volte sua atenção para o aspecto metta da prática.

Primeiro, pense em alguns daqueles entes especiais em sua vida, que você ama e lhe são queridos – pais, filhos, amigos íntimos e até animais de estimação. Escolha um em particular e imagine-se enviando bondade amorosa para ele. Você não quer que ele experimente outra coisa senão bondade na vida. Algumas pessoas recitam silenciosamente um pequeno mantra ou oração enquanto estendem metta em suas mentes, como este:

Que você conheça a alegria.

Que você conheça a paz.

Que você seja livre do sofrimento.

Que você viva com tranquilidade.

As palavras exatas não são importantes; o objetivo é cultivar o sentimento de bondade amorosa dentro de você, estendendo em sua mente esses sentimentos para fora, em direção ao ente querido.

A segunda parte da meditação metta é pensar em alguém com quem você tem uma relação neutra. Pode ser um indivíduo que você vê todos os dias no ponto de ônibus, um desconhecido por quem você passa ou talvez a garota atrás do balcão da sua padaria local. Nesta parte da prática, você se esforça para estender a mesma bondade que sentiu na primeira parte a essa pessoa que você mal conhece. Recite seu mantra novamente para si mesmo:

Que você conheça a alegria.

Que você conheça a paz.

Que você seja livre do sofrimento.

Que você viva com tranquilidade.

A maioria das pessoas pode fazer as duas primeiras partes sem problema, mas é na parte três que as coisas ficam desconfortáveis. Nesta etapa, pense em alguém com quem você está tendo dificuldades, alguém de quem você sente ressentimento e faça o possível para lhe estender a mesma medida de bondade amorosa. Eu não recomendo começar com um relacionamento traumático ou com alguém que desperte uma resposta emocional muito intensa. Você irá querer afrouxar essa prática no início, mas estenda a bondade amorosa a essa pessoa de quem você atualmente não gosta, oferecendo-lhe as mesmas palavras:

Que você conheça a alegria.

Que você conheça a paz.

Que você seja livre do sofrimento.

Que você viva com tranquilidade.

Embora a parte três seja a mais difícil para muitas pessoas, você pode descobrir que terá mais problemas com esta próxima parte. Você provavelmente já adivinhou a esta altura, mas quero que você estenda a bondade amorosa para si mesmo. Tente trazer para si a mesma boa vontade que você tem para com aqueles que ama.

Que eu conheça a alegria.

Que eu conheça a paz.

Que eu seja livre do sofrimento.

Que eu viva com tranquilidade.

Para a parte final, quero que você expanda seu foco para o mundo inteiro. É neste ponto que você vai imaginar que deixou de lado o ódio direcionado a alguém ou a alguma coisa. Gosto de fingir que estou voando alto como um pássaro, olhando de cima e estendendo a bondade a todos os seres em todas as direções:

Que você conheça a alegria.

Que você conheça a paz.

Que você seja livre do sofrimento.

Que você viva com tranquilidade.

Você pode fazer uma meditação e oferecer essas frases a todos os mencionados, ou pode passar uma sessão simplesmente focada em enviar bondade amorosa para si mesmo ou para outra pessoa. Por exemplo, quando você está se sentindo mal consigo mesmo, isolado ou incompreendido, eu o encorajo a se voltar para a parte da meditação metta que se concentra em enviar bondade para si mesmo. Você vai desejar acolher todas as sensações que sentir e, se não sentir nada durante a meditação, tudo bem também.

Meditação tonglen

Outra forma de meditação que pode ser usada para combater o veneno da aversão é o *tonglen*. Tonglen não é uma meditação de bondade amorosa em si, mas sim uma meditação que *transforma* sentimentos de raiva, medo, mágoa e tristeza. Ela nos ajuda a relaxar na nossa própria dor e a estarmos conscientes da dor dos outros. Essa prática é diferente das outras, pois pede que você inspire o sofrimento, a negatividade e a dor dos outros e depois expire calma, clareza e alegria. Você pode achar estranho inspirar sofrimento e expirar calma; antes de encontrar o tonglen, eu conhecia apenas pequenas meditações de aterramento onde fui ensinada a inspirar amor e alegria e expirar qualquer coisa que não estivesse mais me ajudando. No entanto, de uma perspectiva budista, expirar raiva e dor é uma forma de enviar toxinas para o universo, o que não é uma coisa gentil ou útil de se fazer, pois gera mais sofrimento.

Para tentar você mesmo a tonglen, acomode-se em seu espaço de meditação e faça algumas respirações profundas para controlar o estresse. Em sua próxima inspiração, imagine que você está respirando seu próprio sofrimento. Sua raiva, dor, ansiedade, tristeza e mágoa estão sendo reunidas em sua respiração e em seu corpo, onde são transformadas. Em sua próxima expiração, envie esse sofrimento transformado pela respiração como bondade amorosa e compaixão por si mesmo. Imagine essa nova e bela energia preenchendo o espaço ao seu redor e infundindo o ar.

Se você achar isso difícil, pode ser mais fácil começar inspirando o sofrimento de uma pessoa que conheça com quem se importa, e depois expirar enviando amor, apoio e compaixão para ela. Você pode fazer isso por si mesmo e por alguém com quem você pode estar discutindo ou tendo dificuldades, inspirando sua frustração e a dele e depois expirando clareza e perdão para ele e para você. Você pode até mesmo realizar esta meditação para todas as pessoas, sentindo a dor de todas elas e então, na expiração, transmitindo amor e energia calmante para todas as que estão sofrendo ou em conflito.

Sabedoria

Essa categoria final dos antídotos nos leva a um território filosófico mais profundo. Como mencionei antes, o budismo ensina que o que imaginamos como o "eu" se assemelha mais a uma coleção de pensamentos, sensações e histórias em constante mudança que giram em nossa mente consciente.

A mente é uma habilidosa máquina de contar histórias. Eventos acontecem em nossa vida, e a mente cria uma história para acompanhá-los. Às vezes, essas histórias são inofensivas, mas outras vezes podem ser uma fonte de sofrimento. É nesses momentos que dizemos que essas narrativas também são fonte de ilusão e a sabedoria é o antídoto.

Aqui está um exemplo do poder de uma narrativa. Digamos que você tem uma boa amiga que não vê há algum tempo e, nas últimas duas vezes em que vocês combinaram de se encontrar, sua amiga ligou para dizer que não poderia comparecer. A parte contadora de histórias de sua mente pode começar a pensar: *Talvez ela não queira me ver. E se ela estiver com raiva de mim por algum motivo?* Você se lembra de uma pequena discussão que teve com ela há alguns meses e se pergunta se é por isso que ela está cancelando seus planos. Você repete a discussão em sua mente, revivendo sua própria irritação e frustração, e fica cada vez mais magoado por sua amiga recusar um encontro por algo assim e até se ressente por ela estar evitando você. Não demora muito e você se vê apanhado em um ciclo de ansiedade, raiva e sentimentos feridos (sofrimento). Quando sua amiga finalmente liga, pede desculpas e explica que teve um mês terrível e começa a lhe confidenciar todas as questões com as quais está lidando, fica imediatamente claro que ela nunca esteve evitando você, e você percebe como sua mente contadora de histórias fabricou todo aquele sofrimento baseado no simples fato de que sua amiga cancelou os planos que vocês tinham.

Este é apenas um pequeno exemplo das milhões de maneiras pelas quais nossa mente contadora de histórias habitualmente cria narrativas para eventos mundo afora, que destaca como essas narrativas são muitas vezes erradas e fonte de sofrimento para nós. É importante notar aqui que as histórias que você contou a si mesmo foram a raiz do seu sofrimento, não as próprias circunstâncias. Sabedoria não é "entender direito" a história; sabedoria é ver a história *como mera história*.

Outro benefício da meditação em geral é que você pode perceber melhor quando as histórias em sua mente estão causando sofrimento em sua vida. Da próxima vez que você se preocupar com o futuro ou se arrepender profundamente do passado, pergunte a si mesmo: *Existe uma história com a qual minha mente está às voltas e que está contribuindo para o meu sofrimento?* O simples fato de perceber a história como mera história é um passo para escapar da ilusão e adentrar na sabedoria.

Meditação do vazio

Sua Santidade o Dalai Lama, o líder espiritual do budismo tibetano, diz que o vazio é a verdadeira natureza das coisas e eventos. Há também um trecho do Sutra do Coração do Budismo Mahayana, um dos textos mais citados de toda a literatura budista, que é frequentemente mencionado em uma discussão sobre sabedoria:

Forma é vazio, vazio é forma

O vazio não está separado da forma

A forma não está separada do vazio

O que quer que seja forma é vazio

Tudo o que é vazio é forma

Como pode ver, o budismo faz uma conexão entre o vazio e a sabedoria. Mas qual seria o significado disso? Pode ser difícil responder a essa pergunta com a mente pensante, mas por meio da meditação é possível ter acesso a uma compreensão que está além do pensamento ou cultivar a sabedoria dentro de nós mesmos.

Para iniciar uma meditação do vazio, uma vez sentado, contemple a relação entre forma e vazio que é sugerida pelo Sutra do Coração. Pergunte a si mesmo: *O que significa que forma é vazio e vazio é forma?* Em vez de responder à pergunta intelectualmente, medite sobre a pergunta e veja o que surge.

Uma meditação do vazio pode nos ajudar a enxergar a natureza transitória da existência. O mundo está mudando o tempo todo, e incorporar uma meditação do vazio em nossa prática pode significar vermos a nós mesmos e aos outros com menos julgamento e sem rótulos, medos ou expectativas. Tudo o que existe, por mais ou menos tempo que exista, é um milagre, porque tudo surgiu do vazio. Esta é uma perspectiva de sabedoria.

Meditar nos três antídotos é uma ótima forma de aprofundar sua prática. Sua prática também pode mudar em diferentes momentos de sua vida, e isso é completamente natural. No meu caso, depois de perder meu primeiro amor, passei muito tempo fazendo metta (bondade amorosa) e meditações de gratidão. Durante a gravidez, fiz muito relaxamento corporal e visualizações para um trabalho de parto e o parto em si suaves e fáceis. Mais tarde, realizei meditações andando a caminho de casa depois de deixar meu filho na creche. Quanto mais você entrar em contato com o que precisa, o que vem com sua prática regular, mais saberá quais métodos de meditação ajudarão você. Uma forma de escolher o que é melhor para você agora é pensar sobre o que mais precisa de suave atenção em sua vida no momento.

Explorações

Existem, é claro, muitos tipos de meditação por aí, e com o tempo você poderá descobrir que é atraído por determinados métodos. Algumas pessoas adoram recitar mantras silenciosos, por exemplo, enquanto outras acham isso uma distração. Eu incluí uma variedade de técnicas aqui (nem todas são necessariamente formas de meditação budistas) que você pode querer experimentar. Lembre-se de que não há regras aqui; o objetivo é descobrir o que funciona melhor para você.

Mantras silenciosos ou sonoros

Um mantra é um som, palavra ou frase que é repetido várias vezes seguidas. Pode ser repetido em voz alta, entoado ou pensado para si mesmo em silêncio. A palavra ou frase muitas vezes não é tão importante quanto o próprio som. *Mantra* significa "veículo da mente" e, como outros pontos de foco que discutimos no capítulo 2, um mantra é muitas vezes usado como âncora para manter a mente no caminho certo. Existem mantras religiosos, e algumas pessoas também usam sílabas, palavras ou sons em sânscrito. As sílabas comuns são *om, hum* e *sah*. Você pode até usar palavras de uso corrente como *amor, paz* ou *alegria*. Você pode escolher uma e repeti-la várias vezes durante sua meditação.

Visualização

Imagine que você cortou um limão grande e sumarento em pedaços; agora, em sua mente, coloque um pedaço desse limão na boca. As chances são de que, só de imaginar, isso fará você começar a salivar, mesmo que não haja nenhum limão de fato! Esta é uma reação comum a este exercício e nos mostra que nossa mente é extremamente poderosa. As coisas não precisam estar fisicamente presentes para que possamos experimentá-las em nossa mente.

As meditações de visualização são imagens guiadas – elas podem ajudar você a estabelecer um lugar em sua mente onde se sinta seguro; podem auxiliar com dores físicas, como no trabalho de parto e no parto em si; podem facilitar conversas difíceis; e podem ajudar a transformar sua ansiedade e medo em um sentimento de empoderamento. Pense nisso que o corpo acredita nisso; a chave aqui é tornar sua visualização o mais detalhada e sensorial possível, assim como no exemplo do limão.

Varredura corporal

A varredura corporal é outra prática que pode ser integrada à meditação ou feita por conta própria para aliviar a dor ou ajudar você a dormir. Muitas pessoas iniciam sua meditação respirando fundo algumas vezes e depois executam uma varredura corporal da cabeça aos pés. Se você estiver sentindo tensão, estresse ou dor no corpo, insônia, ou um desequilíbrio físico de qualquer tipo, a varredura corporal lhe dará acesso mais profundo à sua experiência sensorial – como está seu corpo agora, neste momento.

Para começar, sente-se com os olhos fechados e volte a atenção para o seu corpo, começando pelo peso dele e seu contato com a cadeira ou a almofada. Observe seus pés no chão. Em seguida, concentre-se em diferentes partes do corpo, uma por uma, começando pela cabeça e descendo em direção aos pés: cabeça, testa, rosto, pescoço, ombros, braços, mãos, peito, costas, barriga, quadris, pernas, dedos dos pés. Para cada área, diga a si mesmo: *Relaxe* ou *Acalme-se* para que você possa trazer o máximo de tranquilidade possível para essa parte antes de prosseguir. Durante esta prática, as sensações dentro do corpo podem ficar mais fortes. Seu desafio é respirar junto com essas sensações, e não afastá-las ou tentar consertá-las. Permita que cada sensação esteja presente e convide-se a serenar e permitir o que é.

Meditação caminhando

Meditação caminhando é também uma prática conhecida como *kinhin* no zen-budismo e tem origem na tradição budista. Você pode realizar uma meditação caminhando a qualquer hora e em qualquer lugar. Para começar, preste atenção aos seus sentidos, sentindo o chão sob seus pés, o movimento de seus braços e pernas, a mudança no equilíbrio de uma perna para outra, o movimento de seus quadris, andando devagar ou rapidamente. Note a sensação de suas roupas contra a pele, o ar fresco em seu rosto, o som de carros ou pássaros. Observe e relaxe enquanto permite que sua caminhada seja natural e fácil. Quando estiver distraído, volte a atenção para o próximo passo. Para encerrar, pare e sinta como é estar em pé. Observe a quietude. Com uma respiração profunda, encerre a meditação caminhando.

Meditação em pé

A meditação em pé pode ser uma boa opção para quem tem artrite ou lesões ou sente desconforto ao sentar. Também pode mantê-lo acordado se sentir sonolência extrema durante a meditação sentada. Para esta meditação, fique de pé com os joelhos levemente dobrados e os pés afastados na largura dos ombros. Seu peso deve descansar sobre as plantas dos pés. Deixe os braços penderem frouxamente nas laterais do corpo. Relaxe seu corpo e coloque a atenção em sua respiração. Mantenha os ombros onde estão enquanto respira naturalmente. Quando se sentir estável, feche os olhos. Aqui você pode manter a atenção em sua respiração, contar as respirações, notar quaisquer sensações corporais ou usar um mantra – qualquer prática que pareça adequada para você. Se achar difícil manter os olhos fechados enquanto estiver em pé, deixe-os levemente abertos com o olhar voltado para baixo alguns centímetros à sua frente.

Sei por experiência e por ensinar meditação para meus alunos que qualquer uma dessas práticas pode ter um efeito profundo em seu estado de espírito, bem-estar, perspectiva e saúde mental e física. Acho um paradoxo estimulante e poderoso que tais benefícios ocorram por meio de uma ação que não tem objetivos específicos. Não nos sentamos na almofada ou na cadeira com a intenção de mudar nossa vida e, no entanto, é exatamente isso que acontece.

Reflexões de estímulo no diário

No início deste livro, talvez você tenha se sentido intimidado pela ideia de praticar meditação. Espero que agora veja como é simples iniciá-la e que toda e qualquer pessoa pode fazê-lo. Até agora, você aprendeu o básico da meditação e como explorar sua prática ainda mais por meio da meditação focada com os três antídotos. Pode ser que você já tenha estabelecido uma rotina regular com a qual gostaria de trabalhar por enquanto, ou ainda pode estar explorando diferentes tipos de meditação para encontrar a que se ajuste melhor a você. No entanto, também é possível que, ao começar a meditar, você tenha notado padrões que parecem estar impedindo sua capacidade de manter ou aprofundar sua prática. O budismo chama alguns desses padrões de cinco obstáculos, os quais iremos explorar com mais detalhes, aprendendo também como superá-los, no próximo capítulo.

Enquanto isso, no entanto, continue se analisando e fazendo anotações em seu diário de meditação para perceber as mudanças em suas necessidades e em seus próprios pensamentos e padrões à medida que aprende a estar cada vez mais presente e a aceitar o que é. A seguir, estão algumas reflexões de estímulo para o diário que podem ajudar você ao longo de sua jornada:

1. Como está indo sua jornada de meditação até agora? Você está se deparando com algum obstáculo? Está notando algum benefício?

2. Quais técnicas de meditação o atraem? Experimente-as e, em seguida, registre suas experiências.

3. Pense na semana anterior. Você consegue destacar algum momento em que sua mente contadora de histórias pode ter lhe causado algum sofrimento desnecessário? Como sua prática pode ajudá-lo em situações semelhantes no futuro?

4. Faça uma lista de todas as pessoas a quem você pode enviar bondade amorosa na meditação metta. Você poderá se surpreender com o tamanho da lista!

5. Crie o hábito de listar cinco coisas todos os dias pelas quais você é grato. Se for difícil pensar em coisas pelas quais você é grato, considere coisas nas quais você pode não prestar atenção no dia a dia, mas que estão trabalhando para e com você o tempo todo, como sua respiração, seu coração ou a terra abaixo de você. Você recebeu um sorriso de alguém hoje? Você se lembrou de respirar fundo quando estava estressado? Mesmo as menores coisas são dignas de gratidão.

OS CINCO OBSTÁCULOS À MEDITAÇÃO (E O QUE FAZER COM ELES)

Um aluno do Zen foi até Bankei e reclamou: "Mestre, eu tenho um temperamento incontrolável. Como posso curá-lo?"
"Você tem algo muito estranho", respondeu Bankei. "Deixe-me ver o que tem."
"Neste momento não posso mostrá-lo a você", respondeu o outro.
"Quando você pode me mostrar?", questionou Bankei.
"Ele surge inesperadamente", respondeu o aluno.
"Então", concluiu Bankei, "não deve ser sua verdadeira natureza. Se fosse, você poderia me mostrar a qualquer momento. Quando você nasceu, você não o possuía, e seus pais não o deram a você. Pense nisso."

Saí do Shambhala Center naquele primeiro fim de semana flutuando no ar e escrevi em meu diário que estava pronta para me comprometer a meditar todos os dias. Já havia sentido os benefícios ao realizar sessões por um único fim de semana e fiquei viciada. Senti minha energia disparar com uma radiante sensação de possibilidade e pensei que, como agora conhecia a prática, continuar seria relativamente fácil. O que eu não sabia na época, mas logo descobriria, é que certas tendências dentro de mim tentariam retardar minha prática ou até mesmo encerrá-la por completo.

Eu ainda não havia experimentado o que o budismo chama de cinco obstáculos.

Pode-se dizer que, se a meditação é uma forma de acalmar uma mente ansiosa e caótica, então, os cinco obstáculos são as maneiras pelas quais a mente reage. Esses obstáculos representam cinco barreiras comuns que, se você não tiver consciência delas, podem inviabilizar sua prática antes que ela se estabeleça.

Para mim, assim como para quase todas as pessoas que ensinei, esses obstáculos apareceram de uma forma ou de outra. Eles podem levar você a pensar que sua prática de meditação não está funcionando, ou que você a está fazendo errado, ou mesmo que não está preparado para praticar. Depois de saber quais são os cinco obstáculos e aprender a identificá-los e a superá-los ou até mesmo a trabalhar com eles, você poderá manter sua prática nos trilhos. Assim como o conto Zen nos lembra no início do capítulo, esses obstáculos não fazem parte de nossa natureza essencial.

Os cinco obstáculos

1. Desejo

2. Aversão

3. Indolência e torpor (tédio e sonolência)

4. Inquietação

5. Dúvida

Você pode notar que os dois primeiros obstáculos, desejo e aversão, são dois dos três venenos que já examinamos. Isso porque os três venenos – desejo, aversão e ilusão – são tão essenciais ao nosso sofrimento que nos seguirão na meditação e interromperão nossa prática. No entanto, ao aprender a reconhecer esses venenos e os outros como obstáculos, nós nos tornamos mais bem equipados para trabalhar com eles e apesar deles, não apenas na meditação, mas também em nossa vida diária.

Vamos examinar cada um desses obstáculos em detalhes, bem como algumas formas de superá-los.

103

Desejo

Falamos muito sobre como o desejo constitui uma das raízes centrais de nosso sofrimento e sobre como a meditação pode nos ajudar a perceber quando nosso apego a bens materiais, pessoas, *status* social e afins se torna insalubre e causa sofrimento. Agora, vamos examinar como o desejo pode se manifestar durante nossas sessões de meditação, ou mesmo antes do início da sessão, às vezes nos impedindo de meditar.

Uma das principais maneiras pelas quais a mente caótica usa o desejo para interromper sua prática é na forma de um pensamento, antes ou durante sua prática de meditação, sugerindo que você deveria estar fazendo outra coisa – algo que você realmente tem vontade de fazer. Embora as meditações de generosidade e gratidão que abordamos no capítulo anterior sejam úteis aqui, o desejo como um obstáculo geralmente surge como algum tipo de distração física, sutil ou aguda.

Por exemplo, digamos que você planeje meditar à noite, mas naquela tarde você tem o pensamento: *Bem, eu tinha planejado meditar hoje à noite, mas eu realmente gostaria de ir jantar e ver um filme com o meu amor.* Para sustentar essa ideia, sua mente pode apresentar as mais variadas razões pelas quais isso seria melhor do que a meditação: *Não nos vimos muito esta semana, e eu realmente preciso passar algum tempo com ele/ela.*

É importante para o nosso relacionamento. Esta é uma forma sutil que sua mente pode encontrar para desviar você do caminho e atrapalhar sua prática. Um exemplo agudo de uma distração baseada no desejo que pode se manifestar durante uma sessão de meditação pode ser tão simples quanto *Estou ficando com fome. Eu deveria comer alguma coisa e meditar outra hora.*

Esses exemplos simples ilustram quão engenhosa uma mente ansiosa pode ser. Afinal, existem muito boas razões para você passar um tempo com seu amor, e todos nós precisamos comer. O que torna o desejo um adversário astuto é que tudo o que você está pensando em fazer em vez de meditar muitas vezes parece certo e bom, pelo menos a curto prazo.

Quando distrações como essas ocorrem, simplesmente observá-las e ser testemunha da energia que elas invocam em você pode ser suficiente para mantê-lo no rumo na maior parte das vezes. Em outros casos, quando o desejo é forte, pode ser necessária toda a determinação que existe em você para manter seu compromisso de meditar naquele dia. Este é um exemplo em que a disciplina pode ser importante para manter sua prática. Com o tempo, isso ficará mais fácil, e lembre-se de que muito poucos são bem-sucedidos 100% do tempo; portanto, se você optar por jantar e assistir a um filme em vez de meditar uma noite, lembre-se de não deixar que isso se torne um motivo para se recriminar e parar de meditar de vez.

Aversão

A aversão é outra ferramenta favorita que a mente usa para desviar a atenção da nossa prática. Insatisfação, raiva e medo são todas maneiras pelas quais a aversão pode se manifestar e retardar ou inviabilizar sua prática. Vejamos primeiro a insatisfação e a raiva, já que são as formas mais comuns de aversão.

A insatisfação muitas vezes se expressa como desconforto físico e, como outros obstáculos, pode se manifestar de formas sutis que podem não ser óbvias no início. Alguns exemplos de como a mente pode empregar a insatisfação para desestimulá-lo a praticar podem vir na forma de pensamentos como estes:

Está muito frio aqui para meditar (ou muito quente).
Não consigo meditar nesta almofada — não é muito confortável.
Meu braço está dolorido. Vou meditar quando estiver melhor.

Esses exemplos mostram como podemos afastar uma experiência com base em algo que, na realidade, pode ser apenas um leve desconforto. Neste sentido, a aversão é o oposto do desejo. Quando você se ouvir fazendo algum tipo de reclamação interior sobre por que agora não é um bom momento para meditar, ou que o encoraja a parar de meditar se você já começou, permita que essa seja sua deixa para verificar o obstáculo da aversão e ver se a preocupação é real ou se está mais para uma queixa mental. Por exemplo, você pode ajustar a temperatura ou a posição do seu corpo para ficar mais confortável? E se não puder, as circunstâncias com as quais você está lidando são de fato ruins? Tenho um bom amigo que adverte contra aguardar ou necessitar que as circunstâncias "sejam perfeitas" para meditar – se o fizermos, poderemos esperar muito, muito tempo.

Outra ferramenta da aversão é a raiva, que se surgir pode dificultar a disponibilidade e o relaxamento, um dos primeiros passos para a meditação. A raiva também pode ocorrer de forma mais sutil; talvez surja em nossa mente um pensamento que diga: *Estou de mau humor por causa de uma discussão no trabalho hoje. Não estou no clima para meditar agora.* A raiva em sua forma aguda, como a fúria, pode realmente nos desequilibrar e dificultar o relaxamento, o foco e a observação. A ironia é que é nessas crises de raiva que muitas vezes mais precisamos de meditação.

Nesses casos, recomendo iniciar sua sessão de meditação estendendo a metta (cf. cap. 3) para si mesmo. Assim como com o ressentimento, quando estamos com raiva de alguma pessoa ou situação, muitas vezes somos nós que sofremos, pois essas emoções negativas só podem ser sentidas dentro de nós. Depois de estender a bondade amorosa para si mesmo, veja se consegue fazê-lo em relação à pessoa ou situação que provocou a manifestação da raiva. Como já discutimos, às vezes, o simples fato de trazer consciência sem julgamento para seus sentimentos é suficiente para ajudá-los a arrefecer.

Além da insatisfação e da raiva, o medo também pode surgir durante nossa prática e pode representar uma distração significativa. Certa vez, tive uma aluna que me disse que, nos estágios iniciais de sua prática, ela só conseguia meditar por cinco minutos de cada vez. Após se acomodar, ela experimentava surtos repentinos e incontroláveis de medo. Por que isso estava acontecendo? No caso dela, havia algumas situações em sua vida que eram a fonte desse medo, e a meditação atuou como a primeira vez que ela se permitiu sentar e ficar quieta por tempo suficiente para que os sentimentos se manifestassem. Seu corpo sussurra avisos que só você pode ouvir, então, preste atenção! A meditação acalma o ruído de fundo e amplifica nossa voz interior. Toda cura é informada ao escutarmos.

Descobri que isso é verdade para mim e para os outros também, especialmente ao começarmos. Passamos grande parte do dia afastando sentimentos que não gostamos porque são desconfortáveis e inconvenientes. Não queremos sentir tristeza, pesar ou raiva (que quase sempre é uma máscara para o medo), então, nós os evitamos; comemos algo, vamos ao cinema, nos exercitamos, ligamos para um amigo – ou nos envolvemos em distrações menos saudáveis, como assistir TV, navegar na internet e nas mídias sociais e recorrer a substâncias viciantes e entorpecentes, como o álcool. Tentamos nos distrair de nossas emoções em vez de encará-las e encontrar sua origem.

Quando você começa a praticar meditação, no entanto, logo perceberá que não há lugar para fugir dessas emoções fortes. Preocupações que normalmente tentaríamos atenuar podem vir à tona, e não temos para onde ir e nada a fazer a não ser senti-las.

Isso pode ser muito perturbador, e a tentação, é claro, é parar de meditar para evitar isso. Podemos nos sentir desencorajados e culpar a própria prática por fazer com que nos sintamos mal, enquanto nos convencemos de que não é assim que a meditação deveria ser. Nosso medo de enfrentar essas emoções pode nos levar a dizer a nós mesmos que a meditação não está funcionando ou até mesmo está piorando tudo.

Minha aluna, por exemplo, não achava que esses sentimentos de medo deveriam fazer parte da meditação, então, ela parava. Ela não deveria estar calma e serena e se sentir completamente à vontade? Eu sorri, porque muitos de nós temos essa mesma expectativa quando começamos a meditar, mas a verdade é que às vezes experimentamos o completo oposto, especialmente no início.

Então, como podemos vencer esse desafio? Primeiro, embora possa ser muito difícil fazê-lo, é fundamental lembrar que *qualquer experiência que você tenha em meditação é a experiência certa*. Vai contra o que nos ensinaram e as histórias que contamos a nós mesmos, mas o primeiro passo para superar esse obstáculo é identificar e reconhecer que isso também faz parte de sua prática e é normal ter esses sentimentos.

Há algumas outras coisas para tentar quando você se deparar com o medo ou outras emoções desagradáveis durante uma sessão de meditação. A primeira é simplesmente localizar a *sensação* da emoção em seu corpo e então depositar ali sua atenção suave, complacente e sem julgamentos. Por exemplo, se você está em meditação e de repente sente uma onda de medo, pergunte a si mesmo: *Onde eu sinto fisicamente o medo?* Talvez seja um nó na boca do estômago ou uma sensação de vibração no peito. Tente respirar juntamente com a emoção e preste atenção à sensação em seu corpo, em vez de na história ao seu redor.

No meu caso, logo após começar minha prática, eu experimentava crises de ansiedade durante a meditação. Seguindo o conselho do meu professor, dediquei toda a minha atenção às sensações do meu corpo, e notei como elas continuavam saltando para longe do meu foco nelas. O calor, o batimento cardíaco acelerado, a sensação de medo e claustrofobia, tudo isso mudava rápido de um lugar para outro. Em vez de entrar em pânico, no entanto, pude observar com curiosidade as sensações se deslocando. Em pouco tempo, percebi que todas as sensações físicas de ansiedade haviam desaparecido e tive condições de voltar ao meu ponto de foco, minha respiração, e concluir a sessão de meditação.

É completamente normal que emoções fortes surjam na meditação, e você vai querer afastá-las. Mas quando as negamos, elas podem durar mais. Você pode ter vontade de se levantar depois de cinco minutos e desistir, mas eu o convido a fazer o oposto: prossiga conjuntamente com seu desconforto e apenas deixe estar. Quase sempre, você descobrirá que essas emoções e o desconforto que elas causam passarão em um ou dois minutos.

Uma última coisa a considerar é que os sentimentos que surgem na meditação podem apontar para outras áreas ou situações em sua vida que precisam ser examinadas, às vezes com a ajuda de um conselheiro profissional ou terapeuta. É importante lembrar que a meditação não é uma cura para tudo, mas sim uma ferramenta útil para o seu bem-estar geral. Com isso em mente, essas experiências na meditação podem ajudar a mostrar, por meio de emoções fortes, quais outras áreas de sua vida precisam de atenção fora de sua prática.

Indolência e torpor (tédio e sonolência)

Indolência e torpor não são termos usados com frequência hoje. Eles descrevem um estado de preguiça, apatia ou lentidão que pode se manifestar e se tornar uma obstrução à sua prática da meditação. Esse obstáculo é muitas vezes descrito como tédio ou sonolência, e achei mais útil usar estes termos.

"Toda vez que medito, eu adormeço", reclamou um novo aluno. "Não importa o que aconteça, minha cabeça começa a oscilar e o movimento de cabecear me acorda. Talvez eu não consiga fazer isso." Experimentar sonolência aguda durante a meditação pode ser outra maneira de sua mente tentar resistir. Já tive alunos que me disseram, especialmente quando tendem a ficar com sono ou cochilar depois de começarem a praticar, que acham que simplesmente não "nasceram" para meditar.

O primeiro passo é examinar seus hábitos de sono e ver se há alguma mudança que você possa fazer que o deixe mais descansado e revigorado no geral. Se você está dormindo uma quantidade de horas adequada à noite, é provável que a sonolência que está enfrentando seja uma manifestação desse obstáculo e não uma necessidade física.

Minha sugestão seguinte seria verificar sua postura. Você está mantendo a coluna reta? Está sentado com os ombros para trás? Se você fizer isso de modo a exigir o uso dos músculos centrais um pouco mais intenso do que o normal, é menos provável que você adormeça.

Outra sugestão seria ir mais fundo nas sensações de sua respiração. Sinta o ar fluindo em suas narinas, garganta, pulmões e barriga. Observe a temperatura do ar que você está respirando. Você pode repetir silenciosamente para si mesmo na inspiração, *inspirando*, e na expiração, *expirando*. Se nada mais estiver funcionando, tente mudar para uma meditação caminhando ou em pé, o que certamente ajudará a mantê-lo acordado.

Por fim, é importante sempre lembrar que não importa quantas vezes você cochile, você sempre pode começar de novo. Você *está* preparado para meditar, então, certifique-se de continuar sentado por um determinado período, não importa quão sonolento você possa se sentir. Não se culpe se adormecer. Observe a sensação, reconheça-a pelo que ela é e, em seguida, inicie novamente sua meditação.

Agora, vamos analisar o tédio, pois descobri com meus alunos que esse aspecto do terceiro obstáculo é o mais provável de ocorrer. Por que pode ser esse o caso? Para começar, muitos de nós temos uma crença cultural de que devemos estar ocupados a cada momento de nossa vida com algum tipo de tarefa. Podemos até ter um histórico de autojulgamento, também passado a nós culturalmente, que diz que, se não estamos fazendo "algo", somos preguiçosos. Por causa disso, atribuímos uma enorme quantidade de valor próprio à ideia de "realização", inclusive vinculando-a à nossa própria autoaceitação. Por conseguinte, pode ser muito desconfortável deixar o tempo passar apenas sentados em silêncio e sozinhos em um quarto. Com certeza, não podemos ficar aqui sentados, respirando, quando há tanta coisa para fazer!

Considere o seguinte: e se na verdade você estiver experimentando serenidade em vez de tédio? Lembre-se, como a meditação é em sua essência uma prática de simplesmente nos permitir *ser*, sem expectativa ou ocupação, muitos de nós, em especial quando estamos apenas começando, sentimos uma espécie de pressão mental para fazer algo mais "produtivo"; então, serenidade e paz realmente parecem bastante desconfortáveis. *Nada está acontecendo!*, a mente pode gritar. Acredite ou não, essa experiência é mais comum do que você imagina.

Se o tédio ainda assim for um problema, outra abordagem que recomendo é concentrar sua meditação nas sensações de tédio em seu corpo e encontrar uma forma de prosseguir meditando com elas. Você pode descobrir depois de algum tempo que, assim como acontece com as sensações de emoções fortes, seu tédio desaparecerá. Você também pode considerar passar pequenos períodos durante o seu dia sem fazer nada "ativamente" além de sua prática diária de meditação. Quem sabe de manhã, em vez de acompanhar as notícias na TV ou no celular, você simplesmente se senta em uma cadeira e observa a paisagem do lado de fora da janela por alguns minutos. A ideia é sinalizar à sua mente que não há problema algum em passar um tempo sem a realização de tarefas, e você pode se sentir menos agitado pelo estado de simplesmente ser e não fazer da meditação.

Inquietação

A inquietação é algo comum na cultura ocidental. Assim como emoções fortes podem atrapalhar a prática para algumas pessoas, outras não conseguem parar para meditar porque sentem que precisam arrumar o cabelo, coçar a perna, levantar e pegar outra almofada, reposicionar-se e assim por diante. Essa sensação de inquietação vem de fontes semelhantes às que exploramos em relação ao tédio. Passamos a maior parte de nossos dias em um estado constante de fazer. Acordamos com uma lista de tarefas, passamos o dia incrementando essa lista e verificando coisas, e à noite planejamos mentalmente nossa lista para o dia seguinte. É assim que existimos – fazendo; e a meditação é algo muito diferente: *Não, não é hora para isso. Pare e sente-se simplesmente.* É difícil deixar de lado a urgência que sentimos no nosso dia a dia para podermos ficar sentados em silêncio, observando e percebendo as sensações da nossa respiração.

Se você está se sentindo inquieto ao tentar meditar, primeiro faça algumas perguntas simples relativas a estilo de vida: você está meditando logo após tomar sua terceira caneca de café? Existe um melhor horário do dia para sua meditação em que você pode se sentir mais relaxado? Você está tentando "encaixar" sua meditação antes de ter que sair para outro compromisso? A inquietação pode ser apenas um produto da mente num esforço para afastá-lo de sua prática, mas nunca é demais gastar alguns minutos para ver se há uma solução prática que possa ajudar.

Assim como aprendemos a atenuar sentimentos de desejo ou apego, é preciso disciplina para pararmos para meditar com inquietação até que o sentimento se dissipe. Como sugeri ao lidar com os outros obstáculos, tente trazer sua atenção para qualquer parte do corpo que esteja associada a essa sensação de inquietação. Você a sente em seus braços, pernas ou peito? A simples observação da área física na qual a inquietação se manifesta muitas vezes a diminuirá.

Por fim, e isso acontece com todos os obstáculos, procure acolher a inquietação como um desafio pessoal. Quando você notar que quer prestar atenção em qualquer outra coisa, ou se levantar e mudar de posição, ou ceder a outro obstáculo, como desejo e aversão, você descobriu outro ponto de escolha. Essa percepção significa que você está se tornando mais consciente de si mesmo e das tendências de sua mente e tem uma escolha no momento de ceder ou não a elas.

Dúvida

O obstáculo final, a dúvida, é uma das ferramentas favoritas da mente para reduzir ou eliminar sua prática da meditação. Ao contrário de outros obstáculos que podem ser experimentados no corpo (desejo, por exemplo), a dúvida surge completamente no domínio da mente. Desta forma, é semelhante ao veneno da ilusão.

Você pode experimentar dúvida durante a meditação, mas ela com frequência se manifestará em outros momentos do dia, tentando-o a parar por completo a sua prática. Por exemplo, você pode duvidar se está meditando direito, se o que está fazendo está de fato ajudando ou se está desperdiçando seu tempo. Você pode inclusive se perguntar por que achou que conseguiria fazer isso e decidir que esse negócio todo simplesmente não é para você. O monólogo interior da dúvida promove o sofrimento, eleva o medo e a preocupação e mantém você em um estado de padecimento. A dúvida pode estar lhe soprando: "Não estou indo a lugar nenhum com isso", quando, na verdade, a dúvida em si é uma ferramenta da mente e mais uma forma de tentar impedir você de domá-la.

Há outra razão pela qual a dúvida pode ser tão potente. Como seres humanos, ansiamos por conhecimento e segurança. Mas se por um lado somos capazes de assegurar um certo controle sobre nós mesmos e nosso ambiente, por outro simplesmente não nos é possível controlar ou saber tudo, e a meditação é um espaço onde podemos praticar desistir de nossa necessidade de saber e controlar as coisas, nem que seja apenas pelo período em que estamos parados meditando. Essas necessidades são tão inerentes à composição da mente que não é de admirar que ela revide e questione a validade da meditação.

Quando perceber a dúvida se aproximando, o primeiro passo é reconhecê-la como um obstáculo e identificá-la silenciosamente para si mesmo como tal: *Esta é a minha mente falando para me impedir de praticar.*

Então, tire um momento para se visualizar colocando a dúvida em uma prateleira para que você possa retornar ao seu ponto de foco. Abrir mão do controle e cair de cabeça na incerteza são projetos grandiosos, mas a meditação é uma ferramenta maravilhosa para ajudá-lo a deixar de lado a necessidade de controle absoluto e abraçar o fluxo natural e imprevisível da vida. Fazer isso, é claro, contribuirá para diminuir seu sofrimento pessoal; quando aceitamos a ambiguidade do mundo ao nosso redor, nós nos tornamos mais relaxados, mais capazes de apreciar cada momento pelo que realmente é, e nossa vida fica mais ampla e livre.

Você pode descobrir em sua própria experiência que esses obstáculos estão relacionados ou se sobrepõem. Isso não é incomum, pois todos têm a mesma fonte e objetivo; cada um é, em última análise, a maneira de sua mente distraí-lo de relaxar no momento presente e ser em vez de pensar. Como cada obstáculo é uma variação da distração, o cultivo consciente da consciência e da aceitação o ajudará a superar qualquer obstáculo, não importa como ele esteja se manifestando em sua prática.

Um dos meus professores diz: "Na dúvida, pratique". A coisa mais importante que podemos fazer é praticar. Por isso, continue, torne a meditação uma coisa sua, e lembre-se de que o momento em que você desanimar é o momento em que eu o convido a insistir. Contanto que você volte para sua almofada, para sua prática, você está fazendo isso corretamente.

A maioria das pessoas que meditam enfrentará esses cinco obstáculos ao longo de sua prática. Sempre que eles surgirem, simplesmente reconheça sua presença sem julgamento, permita que a experiência seja como é e prossiga mesmo com o desconforto. Isso é a prática. Você pode até apreciar esses obstáculos como bênçãos em sua meditação, porque eles estão acordando você, oferecendo um ponto de escolha e mostrando que é hora de voltar ao momento presente.

Espero que você já tenha começado a praticar alguns dos métodos formais de meditação deste livro. No próximo capítulo, apresentarei três maneiras estruturadas de começar: um "Desafio de meditação de 10 dias", um "Desafio de meditação de 30 dias" e um Retiro de meditação de 1 dia em casa". Experimente os três ao começar a meditar como um budista.

Explorações

Às vezes, é difícil lembrar o que fazer quando os obstáculos se apresentam na meditação; por isso, nesta seção quero compartilhar com você um acrônimo que pode ajudar na próxima vez que você encontrar um dos cinco obstáculos em sua prática.

RAIN (Chuva)

Um método útil para lidar com obstáculos que foi ensinado pela escola Insight Meditation e pela autora Tara Brach é chamado RAIN, um acrônimo para as quatro etapas do processo:

Reconheça o que está acontecendo.

Aceite que a vida seja exatamente como é.

Investigue com gentileza.

Não identificação.

A fim de analisar o processo RAIN com mais atenção, digamos, por exemplo, que você esteja se sentindo inquieto e agitado durante a sessão; você não consegue se concentrar, continua pensando nas tarefas que não terminou e querendo se levantar e fazer coisas (*Esqueci de apagar a luz da cozinha, e deveria fazer isso antes de meditar. Espere, essas revistas estão uma bagunça, só vou endireitá-las. Não consigo ficar confortável, talvez eu precise de uma nova almofada... Vou procurar novas almofadas on-line bem rápido antes de continuar...*). Você respira fundo e percebe que está encontrando inquietação, um dos cinco obstáculos. Este é o primeiro passo de RAIN: reconhecer. E este primeiro passo é sem dúvida o mais importante. Como agora você está familiarizado com os cinco obstáculos, será mais fácil percebê-los quando eles surgirem.

Para continuar com nosso exemplo, agora que você sabe que está inquieto, pode admitir para si mesmo que isso está acontecendo. Você está dando nome ao problema e descortinando-o. Você pode até dizer em voz alta: "Estou me sentindo muito inquieto". Não há necessidade de encontrar um motivo para sua inquietação neste momento ou começar a construir estratégias para combatê-la; simplesmente aceite que seja assim.

O terceiro passo é investigar. Você nem sempre precisa fazer isso; para alguns, apenas reconhecer e dar nome ao problema será suficiente para fazer com que ele diminua, mas às vezes pode ser útil cavar um pouco mais fundo e ver se você consegue encontrar a causa raiz de sua inquietação fazendo a si mesmo perguntas sobre por que você acha que isso pode estar acontecendo. Você também pode investigar localizando a sensação física de seu problema em seu corpo e concentrando-se nisso, como recomendei na seção anterior sobre raiva.

A etapa final, então, é a não identificação. Este é um passo crítico. Em vez de ficar preso na ideia de *ser uma pessoa inquieta* – e em quaisquer histórias que você anexa a isso, como culpar a si mesmo por ser "incapaz" de ficar parado –, permita-se enxergar sua inquietação como uma situação temporária, que passará. Você pode estar inquieto agora, mas a inquietação não faz parte de sua natureza essencial. Observe-a, tenha curiosidade sobre ela, mas não deixe que ela se torne parte de sua identidade.

DESAFIOS DE MEDITAÇÃO: 10 DIAS, 30 DIAS, 1 DIA

Certa vez, um menino caminhava à beira-mar quando notou um velho na praia. O menino observou com interesse quando o velho se agachou, pegou um galho fino e desenhou um círculo perfeito na areia com um movimento gracioso.
"Vovô", gritou o menino, "como você aprendeu a desenhar um círculo tão perfeito?"
O velho sorriu. "Eu apenas tentei e depois tentei novamente... tome, por que você não tenta?" E ele entregou o galho para o menino e foi embora.
O menino começou a desenhar círculos na areia.

O primeiro saiu muito oblongo, o segundo, muito torto... mas, com o passar do tempo, os círculos do menino começaram a parecer cada vez melhores, até que um dia ele se agachou, pegou seu galho e desenhou um círculo perfeito na areia com um movimento gracioso.

Foi então que ele ouviu uma voz atrás dele, dizendo: "Vovô, como você aprendeu a desenhar um círculo tão perfeito?"

Quando se trata de meditação, atividades criativas, exercícios ou qualquer coisa que exija dedicação regular de tempo e energia, podemos ter todas as informações de que precisamos e sermos claros sobre nossos desejos e intenções, mas ainda assim não sabermos por onde começar. Para mim, esse primeiro passo costuma ser o mais difícil e, uma vez que o dou, eu me pergunto por que foi tão difícil. Por isso, reuni três desafios diferentes que ajudarão você a iniciar sua prática. É tão simples quanto sentar e programar um *timer*.

Desafio de meditação de 10 dias

Este primeiro desafio é um ótimo ponto de partida. Dez dias é um período relativamente curto, mas com toda certeza longo o suficiente para você começar a apreciar os benefícios da meditação regular e incentivá-lo a torná-la parte de sua rotina diária. O desafio a seguir também inclui intenções específicas sobre as quais meditar a cada dia a fim de ajudar sua mente a se concentrar e aprofundar sua consciência.

Antes de começar

Se você ainda não o fez, estabeleça seu espaço conforme descrito no capítulo 2. Você pode querer passar algum tempo revisando essa seção para ter certeza de que tem tudo preparado (espaço, almofada, *timer*) para ajudá-lo com a importante tarefa de cumprir este desafio de 10 dias. Se você tem um amigo ou parente que acha que seria um grande apoio para você durante esse período, considere convidá-lo a se juntar a você para que possam se ajudar mutuamente a permanecer no processo.

Você também deve ter seu diário de meditação à mão e agendar algum tempo extra antes e depois de sua meditação para escrever. Todos os dias, inicie seu registro no diário anotando a data e, em seguida, abra espaço para essas três considerações a cada sessão:

1. Antes de meditar: como você está se sentindo em sua mente e corpo? Como está o seu ambiente hoje? O que está em sua mente, ou em quais experiências você está pensando?

2. Imediatamente após meditar: o que você experimentou durante a meditação?

3. Antes de terminar sua sessão: de que maneira você se sente diferente, igual ou neutro?

O desafio

Cada dia deste desafio inicial consistirá de uma prática de meditação de 10 a 15 minutos. A intenção para cada dia será diferente, mas a prática central da meditação será a mesma, e sugiro que você a realize no mesmo horário todos os dias, por dez dias seguidos. Se você perder uma sessão de meditação agendada, simplesmente comece novamente retornando à prática quando se lembrar de fazê-lo no mesmo dia ou no dia seguinte. Aqui está uma visão geral de como será cada sessão de meditação:

Primeiro, programe seu *timer* para dez ou quinze minutos.

Sente-se com a coluna reta e relaxada. Você quer que suas costas fiquem aprumadas, mas não tão rígidas a ponto de se sentir desconfortável. Imagine seu cóccix descendo em direção à terra e sua cabeça alcançando o céu, flutuando sobre as curvas naturais de sua coluna. Baixe o queixo levemente para liberar a parte de trás do pescoço.

Comece voltando a atenção para a sua respiração: cada inspiração seguida por uma expiração em um ciclo sem fim. Observe o ar mais frio em suas narinas ao inspirar e o ar mais quente ao expirar. Você também pode sentir a respiração movendo sua barriga ou expandindo seus pulmões.

Quando você se sentir pronto, traga à mente a palavra-intenção do dia (veja a lista a seguir). Use a palavra como âncora, ou ponto focal, para a meditação. À medida que surgirem distrações, você retornará continuamente a esta palavra.

Ao pensar na palavra-intenção, abra-se para a possibilidade de ver imagens e sentir quaisquer emoções que o ajudem a se conectar com o significado dessa palavra. Se e quando você experimentar imagens ou tiver sensações no corpo, sinta-se à vontade para deixar a palavra-intenção de lado naquele momento e descanse na sensação dentro do corpo.

Se você achar que está contando uma história ou fazendo um julgamento relacionado a tal palavra, lembre-se gentilmente de voltar à respiração e à própria palavra-intenção e começar de novo.

Por fim, reserve um momento para deixar de lado qualquer foco específico nas sensações, na palavra-intenção ou na respiração e apenas sente-se em silêncio.

Saia da meditação fazendo respirações longas, lentas e profundas e abrindo lentamente os olhos.

Intenções

Primeiro dia: Dedicação

Neste primeiro dia, comece refletindo sobre por que você deseja iniciar essa prática de meditação e o que o levará à sua almofada a cada dia. O que o faz querer se sentar sozinho e meditar?

Segundo dia: Generosidade

Como seria hoje se você escolhesse ser generoso consigo mesmo e com os outros? Como você pode expressar generosidade ao longo do dia, seja por meio de ações ou palavras? Pergunte a si mesmo: *Como posso praticar a generosidade hoje?* Use isso como seu mantra para voltar quando perceber que está distraído, apressado ou em algum lugar diferente do momento presente.

Terceiro dia: Disciplina

O tema hoje é renovação de compromisso. Pode significar se comprometer outra vez com o momento presente, com a atenção plena, com sua prática de meditação ou todas as opções anteriores. Significa reiniciar, começar de novo – pode ser uma tarefa, um relacionamento, um sonho. Com o que você vai renovar o compromisso hoje?

Quarto dia: paciência

Hoje, procure lugares onde você possa serenar e desacelerar. Como seria hoje se você esperasse que tudo e todos tomassem o tempo que precisassem? Como você pode trazer mais paciência para suas interações consigo mesmo e com os outros hoje?

Quinto dia: Alegria

Procure oportunidades para estar em *flow* hoje. Faça escolhas que o ajudarão a se sentir saudável, bem-sucedido, realizado e alegre.

Sexto dia: Mente Inquisitiva

Desafie-se a ver claramente hoje, a deixar de lado a história e se concentrar na experiência direta. Veja-se como fluido, em constante mudança. Não há necessidade de julgar ou avaliar a si mesmo, não há necessidade de forçar ou consertar. Veja se consegue simplesmente se permitir ser como você é.

Sétimo dia: Compaixão

Hoje, comprometa-se a ver a si mesmo e aos outros com olhos benevolentes. Enxergue o sofrimento nos outros, assim como em você mesmo, e observe que somos todos iguais. Ofereça compaixão a si mesmo, a estranhos, àqueles que você conhece e àqueles com quem você está tendo dificuldades.

Oitavo dia: Equilíbrio

Procure maneiras de encontrar um meio-termo hoje. Deixe de lado exageros, suposições e pensamentos de superioridade e inferioridade e substitua-os por encarar pessoas e cenários exatamente como eles são.

Nono dia: Amplitude

Onde você pode acrescentar mais espaço no seu dia? Quais áreas precisam de mais espaço para respirar e florescer? O que não é mais útil que você pode liberar para dar espaço para o que é?

Décimo dia: Celebração

Hoje é dia de comemorar. *Você conseguiu!* Passou os últimos dez dias meditando, fez isso por mais de cinco minutos e trabalhou com sucesso para incorporar a meditação à sua rotina diária. Reflita sobre os últimos dez dias e honre sua prática, celebrando cada dia e cada sessão.

Depois de concluir este desafio de 10 dias, reserve um tempo para escrever em seu diário de meditação sobre a experiência como um todo. Como foi? Foi confortável, fácil, difícil? O que você aprendeu? O que o surpreendeu?

Desafio de meditação de 30 dias

Para cultivar os benefícios de qualquer prática, você precisa se comprometer a realizá-la diariamente.

Quando estiver pronto, minha esperança é que você expanda sua prática de meditação com este desafio de 30 dias. Você pode já ter começado a constatar os benefícios na prática regular ao se comprometer com o desafio de 10 dias, e o desafio de 30 dias foi projetado para ajudá-lo a realmente perceber como a meditação pode melhorar sua vida de muitas maneiras. Organizei-o de modo que você possa praticar seis dias por semana durante cinco semanas, embora certamente possa fazê-lo todos os dias. Não tenho dúvidas de que você verá, sentirá e experimentará os benefícios depois de concluir este desafio. A diferença que você sentirá em si mesmo, em seus relacionamentos e no seu ambiente será toda a prova de que precisa para continuar incorporando a prática em seu dia a dia de algum jeito, grande ou pequeno.

O desafio

Semelhante ao desafio de 10 dias, você meditará por dez a quinze minutos, de preferência no mesmo horário, todos os dias. Cada semana se concentrará em uma meditação diferente, e você também poderá reservar um tempo para anotações no diário e reflexões. Assim como fez no desafio de 10 dias, você preparará seu espaço e começará e terminará cada sessão com um registro no diário. Você também seguirá os mesmos passos de meditação. Consulte as páginas 128-130 do desafio de 10 dias.

Intenções

Para este desafio, você se concentrará nas intenções diárias que funcionarão para ajudá-lo a cultivar uma qualidade específica por uma semana inteira.

Primeira semana: Observação

Durante a primeira semana, você fará a meditação da atenção plena, usando qualquer um dos seguintes conceitos como âncora. Você pode repeti-lo silenciosamente como um mantra, ou apenas trazê-lo à mente no início e no fim de sua prática.

- Curiosidade
- Perspectiva
- Serenidade
- Emoções
- Sensações
- Percepção espacial

Em seu diário, escreva sobre qualquer coisa que o surpreendeu esta semana ou que você não tenha notado antes. Pode ser algo dentro ou fora de você. Reflita também sobre de quais formas a observação apareceu em seu cotidiano.

Segunda semana: Coragem

Nesta semana, você incorporará a meditação sobre a compaixão, com foco em como a compaixão pode ajudá-lo a enfrentar os desafios e permanecer presente. Isso pode tomar a forma de metta (bondade amorosa) ou tonglen (inspirar sofrimento, expirar amor). Discutimos essas meditações no capítulo 3. Como alternativa, você pode se concentrar em uma das seguintes palavras de intenção durante sua sessão diária:

- Autocompaixão
- Amor
- Fortaleza
- Limites
- Honestidade
- Bondade amorosa

Em seu diário, escreva sobre quaisquer diferenças que você notou desde o início da semana até o fim em termos de ser capaz de permanecer presente durante as dificuldades, seja enquanto medita ou em sua vida diária. Foi difícil para você? Fácil?

Terceira semana: Disciplina

Em sua terceira semana, pode ser que você esteja começando a lutar contra alguma forma dos cinco obstáculos:

- Desejo
- Aversão
- Sonolência ou tédio
- Inquietação
- Dúvida

Use seu tempo na almofada para de fato considerar cada uma dessas ideias, descobrindo novas formas pelas quais elas estão se manifestando em sua mente e corpo. Lembre-se de que é sempre possível começar de novo e você pode conviver com qualquer um desses obstáculos e eles passarão.

Em seu diário, reflita sobre quaisquer novas formas que você tenha descoberto para abordar a disciplina em sua prática de meditação. Comemore a conquista de chegar tão longe em seu desafio de 30 dias.

Quarta semana: Flexibilidade

Nesta semana, você se concentrará em se suavizar e permitir o que quer que esteja acontecendo com você durante a meditação. Use os seguintes conceitos ao meditar nesta semana:

- Expansão
- Brandura
- Cordialidade
- Resiliência
- Adaptabilidade
- Deixar para trás

Em seu diário, escreva sobre quaisquer desafios ou descobertas desta semana. Esses conceitos fizeram você se sentir vulnerável ou empoderado? Como você se nutriu esta semana? Como seu corpo se sentiu?

Quinta semana: Ação certa

Em sua última semana, você reexaminará o que significa ação, ou fazer, a partir de um estado de atenção plena. Muito da prática da meditação consiste em desaprender duas coisas: nosso hábito muito moderno de nos mantermos permanentemente ocupados e considerar nosso valor em termos do que podemos realizar, e não do que somos. Medite em qualquer uma das seguintes ideias:

- Ação consciente
- Foco

- Fazer uma coisa de cada vez

- Desacelerar

- *Flow*

- Alegria

Em seu diário, compartilhe todas as descobertas que fez sobre como você pode trazer a atenção plena para as suas ações. Em seguida, reserve um tempo para escrever livremente sobre toda a experiência de 30 dias: se houve algum desafio ou conquistas a comemorar e o que você sente que gostaria de levar para a próxima fase de sua prática de meditação, seja ela qual for.

Retiro de Meditação de 1 dia em casa

Se você completou o desafio de 10 dias e o desafio de 30 dias, provavelmente também começou a desenvolver sua prática regular e pode estar pronto para encarar o desafio de um dia inteiro de meditação. Isso pode parecer intenso no começo, mas passar uma quantidade considerável de tempo em meditação durante um único dia pode trazer ainda mais calma e *insights* profundos. Durante este retiro, você alternará entre meditação sentada e caminhando, praticando a atenção plena durante as refeições e observando o que os budistas chamam de *nobre silêncio*.

Se você já está praticando com outras pessoas ou vem compartilhando sua jornada de meditação, este retiro de 1 dia é uma ótima oportunidade para a prática conjunta. Ter ao seu redor outras pessoas que estão vivenciando uma experiência em comum e podem ajudar umas às outras a se manterem na prática pode ser imensamente útil. Claro, você também pode fazer esse retiro sozinho.

Defina uma data de início

Primeiro, você deve decidir quando seu retiro de meditação em casa começará e anotar a data em seu calendário. Informe aqueles com quem você mora ou tem contato diariamente sobre seus planos, para que não fiquem alarmados se você não atender o telefone durante o dia.

Embora este seja um retiro de dia inteiro, seu tempo real de retiro será entre 9 da manhã e 5 da tarde.

Arrume o seu espaço

Além de seu espaço regular de meditação que você preparou e reservou para sua prática (cf. cap. 2), você pode querer passar algum tempo garantindo que o restante de seu lar esteja convidativo e limpo, com a intenção de criar o ambiente mais simples, revitalizante e agradável possível. Arrume todas as áreas de estar e remova a bagunça dos corredores e *hall* de entrada. Considere abrir as janelas por um tempo se o clima estiver bom para deixar um pouco de ar fresco entrar em sua casa. O simples ato de organizar e limpar se alinha com a ideia popular de que, ao estabelecer um espaço exterior limpo, ordenado e revigorante, será mais fácil estabelecer o mesmo em seu mundo interior. Tenha seu *timer* e diário a postos também.

Encha a geladeira

Certifique-se de ter alimentos nutritivos em casa para não precisar sair. Se você tem receitas em mente que gostaria de testar, mas ainda não o fez, pode ser bom prepará-las durante o retiro, então, reúna os ingredientes necessários. Eu gosto de estocar diversas verduras frescas e folhosas, outros vegetais e uma variedade de frutas, além de leite de amêndoas, açafrão e chá para beber ao longo do dia. Você pode escolher o tipo de comida que quiser – desde que seja algo que você prepare e consuma com intenção e cuidado. Tente evitar a cafeína, se puder.

Estabeleça alguns limites para o dia

A fim de concentrar o foco em sua prática, recomendo abster-se dos seguintes hábitos que podem estar trazendo estresse ou distração à sua rotina diária:

- Televisão
- Telefone
- Computador
- Fumar
- Álcool
- Cafeína

Se você se sente ansioso com a perspectiva de se "distanciar" dos eventos mundiais por um dia, reserve um minuto para se dedicar a eliminar essa ansiedade por meio da respiração e talvez explorar um pouco mais perguntando a si mesmo se é realmente necessário estar "conectado" a cada momento. Nossa cultura nos ensina a estarmos constantemente vigilantes contra a perda de informações ou oportunidades (geralmente, oportunidades de comprar coisas), e isso pode ser uma das fontes de estresse em nossa vida diária. Ao concordar conscientemente em deixar o mundo exterior de lado apenas por um dia, você acrescenta um elemento extra de depuração, paz e amplitude à sua vida. Tranquilize sua mente e seu corpo lembrando que você sempre poderá se atualizar dos acontecimentos amanhã; hoje, o negócio é meditação.

Pratique o nobre silêncio

A expressão *nobre silêncio* vem do hábito de Buda de permanecer em silêncio quando interpelado com perguntas sem resposta. A ideia é que, estando atentos em manter o silêncio, podemos discernir melhor quando a fala é absolutamente necessária. Permanecer em silêncio conscientemente significa não apenas que você não falará durante o seu retiro de um dia, mas que se compromete a estar atento a qualquer desconforto que possa sentir ao manter silêncio, reparando em quaisquer impulsos súbitos de falar que não advenham de necessidade absoluta, refletindo sobre os sentimentos que possam surgir ao resistir a esses impulsos e investigando as causas desses sentimentos.

Defina um cronograma

A seguir, uma sugestão de programação para o seu dia. Você pode fazer ajustes para acomodar suas questões pessoais, mas procure ter certeza de que está observando a intenção do retiro, que é cultivar uma prática mais profunda por meio da meditação por longos períodos ao longo de um dia inteiro. Antes de iniciar sua primeira sessão, certifique-se de tomar seu desjejum para não se distrair com a fome durante a manhã.

9:00-9:45: Meditação sentada

Este tempo de meditação sentada pode ser da forma que você tenha estabelecido como sua prática de meditação "central" preferida. Acomode-se na quietude e no silêncio.

9:45-10:00: Meditação caminhando

Reveja a seção sobre meditação caminhando no capítulo 3. Nesta meditação, enquanto seu corpo se move lenta e deliberadamente, sua mente está descansando em quietude e silêncio.

10:00-10:45: Meditação sentada

10:45-11:00: Meditação caminhando

11:00-11:30: Redação do diário

Passe algum tempo anotando quaisquer pensamentos ou sentimentos que tenham ocorrido durante as duas primeiras horas de meditação. Não precisa ser nada monumental; você pode começar com "o céu é azul" e partir daí. O objetivo é liberar sua mente para escrever sem julgamento e realmente deixar seu fluxo de consciência se derramar para a página e ver aonde ele leva. Escreva apenas para si mesmo. Tente aplicar a atenção plena enquanto escreve. Observe a sensação da caneta na página, as sensações de sua mão e braço ao redigir.

11:30-13:00: Preparar o almoço, comer, lavar a louça
Concentre-se em fazer sua refeição sem distrações e mantenha o nobre silêncio. Enquanto você come, preste atenção às sensações de comer – às texturas, cheiros, sabores, bem como ao seu ambiente. Ao lavar a louça, preste atenção na sensação dos copos e pratos em suas mãos, na temperatura da água, na textura da esponja.

13:00-13:45: Meditação sentada

13:45-14:00: Meditação caminhando

14:00-14:45: Meditação sentada

14:45-15:00: Meditação caminhando

15:00-15:30: Intervalo
Use esse tempo para escrever no diário, tomar uma xícara de chá e talvez realizar alguns alongamentos leves.

15:30-16:15: Meditação sentada

16:15-16:30: Meditação caminhando

16:30-17:00: Meditação final

Para encerrar formalmente o retiro, respire fundo algumas vezes. Sente-se e descanse em silêncio por alguns momentos; depois, coloque as mãos sobre o coração e faça uma reverência a si mesmo e ao mundo ao seu redor em gratidão. Você se deu um grande presente!

Você pode querer passar algum tempo com seu diário para refletir sobre o dia.

Nenhuma passagem de trem ou avião é necessária para você experimentar um verdadeiro ambiente de retiro. Ao final desta experiência, você terá participado de mais de cinco horas de meditação! Um grande feito. Você pode repetir este retiro de 1 dia quantas vezes desejar. Você também pode querer transformá-lo em um retiro de 2 dias, talvez incluindo momentos para entoar mantras, cantar, tocar ou qualquer outra forma de atenção plena que funcione para você. A parte mais importante aqui é que você tenha um planejamento claro e um tempo dedicado a tal propósito e que se atenha a isso.

Eu encorajo você a retornar a qualquer um ou a todos esses desafios de meditação sempre que sentir que um impulso faria bem à sua rotina de meditação. Eles podem apimentar sua prática regular e também ajudá-lo a voltar aos trilhos se e quando sentir que precisa.

POSFÁCIO

Um mestre Zen, ao alcançar a iluminação, descobriu que era capaz de compreender o verdadeiro vazio. Um dia, enquanto estava sentado debaixo de uma árvore em um estado de sublime silêncio, a árvore começou a cobri-lo de flores.

"Agradecemos sua palestra sobre o vazio", os deuses lhe falaram.

"Mas eu não disse nada sobre o vazio", admirou-se o mestre.

"Você não disse nada sobre o vazio, e nós não ouvimos nada sobre o vazio", os deuses continuaram, "Isso é o verdadeiro vazio".

E pétalas caíram ao redor dele como chuva.

Todos temos dificuldades, todos sofremos. Esta é a condição humana. Meditar como um budista muda nosso relacionamento com o sofrimento e com nós mesmos. Traz consciência, paz e bem-estar além do que possamos ter pensado ser possível.

Trabalhei com todo tipo de pessoas em todas as situações imagináveis: indivíduos passando por uma perda profunda, ansiedade debilitante, depressão, TDAH, insônia, até mesmo sentindo uma desmotivação geral. Todos os que ensinei, mesmo aqueles que achavam que não seriam capazes de meditar, puderam fazê-lo! Por quê? Porque todo mundo tem a capacidade de praticar – nós apenas nos convencemos do contrário.

O verdadeiro bloqueio é que a maioria de nós está tentando escapar de nossos pensamentos, e é por isso que sobrecarregamos nossos dias e, quando há um momento para descansar, nós nos distraímos e nos anestesiamos com comida, compras, drogas e álcool, ou telas. No início, a maioria de nós tem medo do que acontecerá se deixarmos de lado esses hábitos entorpecentes e começarmos a contemplar nossos pensamentos e permitir que eles sejam como são. Uma vez que começamos, no entanto, logo vemos que não há necessidade de ter medo. Podemos mudar nosso relacionamento com nossos pensamentos, nossa perspectiva, e o mundo se torna um lugar diferente. Nós nos sentimos seguros e conectados neste novo mundo. Podemos ver a beleza junto com a mágoa e a dor. Não há mais a necessidade de distrações, o desejo de se esconder ou a sensação de ser inferior. Não há mais o impulso de nos doar a todos e não cuidar de nós mesmos. Percebemos o valor de nos expressar, já sem o medo de como os outros responderão. Sentimo-nos abertos, confiando que tudo está trabalhando para o nosso bem maior.

Tudo isso está à sua disposição.

A coisa mais importante a lembrar é que a meditação é uma prática, o que significa que alguns dias você vai ter vontade de se dedicar a ela e, outros dias, não. Por favor, seja gentil com você mesmo. Se precisar parar um pouco, planeje como e quando voltará. Saiba que você sempre, sempre pode começar de novo. Este livro está cheio de recomendações sobre como e quando fazer isso, mas eu o encorajo a experimentar a prática e adaptá-la ao seu perfil. Se você tem quatro filhos e está tentando descobrir qual seria a quantidade realista de tempo necessária para praticar, pergunte a si mesmo de quantos minutos você dispõe e essa é a sua resposta. Só você sabe como tornar a prática viável para suas circunstâncias particulares; então, essa é sua missão daqui para frente. A meditação pode funcionar em muitos lugares: sentado em seu carro, em um banco no parque ou esperando que seu carro seja lavado, em casa ou no escritório. Por favor, não a transforme em algo inatingível e impraticável, porque você só pode obter os benefícios se realmente praticá-la.

Antes que perceba, os benefícios da meditação começarão a chegar até você. Pequenas coisas que antes teriam o potencial de atrapalhar o seu dia agora podem ser abordadas com calma. Talvez você se dê conta de que esqueceu a carteira quando já está na fila do caixa do supermercado – em vez de ficar chateado e se repreender, você pode simplesmente se dar conta de que esqueceu, colocar seus itens de volta e sair pela porta. Claro, você ficará irritado por um segundo, mas depois aceitará a realidade e seguirá em frente com o seu dia. Você estará perto de outras pessoas e perceberá como elas parecem apressadas e atormentadas, e deliberadamente diminuirá ainda mais a velocidade. Estará em reuniões ou prestes a fazer uma apresentação e sentirá seu coração batendo forte e, em vez de ficar ainda mais nervoso, poderá fechar os olhos e respirar fundo. Sentirá os benefícios da meditação se espalharem por todos os âmbitos de sua vida, trazendo facilidade, calma e gratidão. Você já não estará se agarrando a um invisível cavalo em disparada – agora terá tomado as rédeas e curtirá o passeio.

Isto é o que desejo para você: que considere aderir à prática da meditação e torne-a factível dentros de suas condições, para que os benefícios possam fluir em sua vida. Emoções e situações difíceis não desaparecerão do seu caminho, assim como os pensamentos não desaparecerão de sua mente! Mas, agora, sempre que sentir preocupação, ansiedade, estresse ou medo, você reconhecerá isso como uma deixa para praticar. O momento em que você inicia sua prática é o momento em que você retorna ao presente, deixando para trás os tormentos do passado e a incerteza sobre o futuro. Como o presente é tudo o que podemos controlar, sua tarefa é voltar a ele repetidamente para lembrar que a vida é muito maior do que nossas preocupações nos fazem acreditar. É fácil ficar preso no sofrimento, mas agora você tem uma prática para ajudá-lo a se libertar.

AGRADECIMENTOS

Ser capaz de escrever este livro foi uma verdadeira dádiva para mim. A meditação ajudou a aliviar tanto estresse e ansiedade em minha vida que, se este livro introdutório puder ajudá-lo a fazer o mesmo, ficarei muito feliz. Sou extremamente grata a todos os professores em minha vida que auxiliaram a orientar e embasar minha prática. Sua disponibilidade para compartilhar e servir é realmente uma bênção. É importante para mim destacar o McLean Meditation Institute, onde aprofundei minha prática e aprendi a ensinar meditação e atenção plena a outras pessoas.

Obrigada ao meu guru de *brainstorming*, S.S., e a I.L.N. por ser um apoio tão firme para mim durante todo o processo de escrita do livro. E aos meus pais, irmã e sogros por encorajarem e sempre demonstrarem interesse pelo meu trabalho. Enquanto escrevia este livro eu estava grávida e dei à luz! Portanto, sou extremamente grata à equipe da Hierophant Publishing por sua paciência e flexibilidade e por cuidar de mim e de minhas palavras de maneira tão gentil.

Por último, quero agradecer ao meu marido e meus dois amados bebês; sua presença é um lembrete constante para cuidar do meu mundo interior para que eu possa bem amar e viver com tranquilidade em meu mundo exterior.

Conecte-se conosco:

f facebook.com/editoravozes

◉ @editoravozes

🐦 @editora_vozes

▶ youtube.com/editoravozes

◉ +55 24 2233-9033

www.vozes.com.br

Conheça nossas lojas:

www.livrariavozes.com.br

Belo Horizonte – Brasília – Campinas – Cuiabá – Curitiba
Fortaleza – Juiz de Fora – Petrópolis – Recife – São Paulo

  Vozes de Bolso

EDITORA VOZES LTDA.
Rua Frei Luís, 100 – Centro – Cep 25689-900 – Petrópolis, RJ
Tel.: (24) 2233-9000 – E-mail: vendas@vozes.com.br